JUDITH WILMS

Marie und die drei Geheimnisse

Von einer Begegnung,
die ein gebrochenes Herz heilt

und natürlich eine Flasche griechisches Olivenöl – hatte die Veranstalterin unserer Reise, Kim, freundlicherweise schon in unseren Wohnungen untergebracht. Jede dieser kleinen Einheiten war modern, kastenförmig und so angelegt, dass nur eine Person darin wohnen konnte. Denn diese Auszeit hier war explizit für Alleinreisende.

Alleinreisend ... Nachdenklich nippte ich an meinem Kaffee, der nicht besonders gut schmeckte. Viel saurer und beißender als der, den Tim uns morgens immer in unserer schönen Münchner Altbauwohnung aufgebrüht hatte. Tim, der wahrscheinlich gerade Umzugskisten packte. In den nächsten Tagen würde er in seine eigene Bleibe ziehen. Und damit ich nicht danebenstehen und das mitansehen musste, hatte ich kurzerhand diese Yoga- und Meditationsreise gebucht. Irgendetwas von Heilung und Meer und Rückzug hatte in der Beschreibung im Internet gestanden. Das und die Tatsache, dass der Termin kurzfristig passte, hatte mir gereicht, mehr hatte ich gar nicht wissen wollen. So langsam dämmerte mir aber, dass es hier im Mai doch immer noch kühl sein konnte. Und dass ich mich nun einmal nicht in einem Sommerurlaub auf Santorin befand, sondern zu Saisonbeginn auf Lefkada – einer winzigen Insel, von der ich zuvor noch nie gehört hatte und die nur zwei Flugstunden von München entfernt lag. Nach meiner Rückkehr würde ich selbst eine Wohnung suchen und umziehen müssen, denn unser Schmuckstück war viel zu groß und teuer für mich allein. Ganz abgesehen von den Erinnerungen, die in jedem Zimmer auf mich warteten. Ich schluckte den bitteren

Gedanken gemeinsam mit dem Kaffee hinunter. Heilung und Meer und Rückzug fühlten sich gerade eher nach Herzschmerz und Fleecejackenwetter und Einsamkeit an. Noch vor einem Jahr hätte ich mir nie und nimmer träumen lassen, dass ich einmal nicht einen Strandurlaub mit Tim buchen würde, sondern eine Reise, die speziell für Menschen wie mich konzipiert war: für die Verlassenen, für die Schnell-weg-Wollenden, für die Linderung-Suchenden. Für die, die nach sieben Jahren plötzlich vor einem Scherbenhaufen standen, den sie noch nicht recht begriffen. Nein, nichts war so, wie ich es mir vorgestellt hatte. Weder diese Reise – noch mein Leben.

Ich hatte mir nicht die Mühe gemacht, mich umzuziehen, und war kurzerhand in Yogahose und Fleecejacke losgegangen. Im Dorf konnte man sich glücklicherweise schnell zurechtzufinden. In der Hauptstraße reihten sich die wichtigsten Läden aneinander: eine kleine Bäckerei mit vielen süßen Teilchen, deren Namen ich nicht kannte, ein Café, das um diese Zeit noch geschlossen war, ein Supermarkt, der eher die Größe eines Tante-Emma-Ladens hatte und dessen Gemüseauslage vor dem Schaufenster prall gefüllt war, ein paar Marktstände mit lokalen Spezialitäten und zum Schluss der Touristenkiosk mit Postkarten, Sonnenbrillen und Landkarten neben der winzigen Apotheke.

Als ich mir in der Bäckerei eine kleine, mit Spinat gefüllte Pastete und ein paar in Honig getauchte Kekse besorgte, einfach nur, indem ich ungeschickt darauf zeigte, war ich schon etwas beschwingter. Die Bäckerin war sehr freundlich, und es schien sie nicht zu stören, dass ich – leider – kein Griechisch sprach. Mit einem Wortschwall zeigte sie auf diverse Brote, aber ich lehnte dankend ab. Freundlich lächelnd reichte sie mir meine Tragetasche und zeigte mir den Preis mit den Fingern, sodass ich sie verstehen konnte. Lachend verabschiedeten wir uns voneinander, jede in ihrer eigenen Sprache.

Im Supermarkt gönnte ich mir ein dickes Stück frischen Feta und eine Portion Oliven, die der Ladenbesitzer aus einem großen Eimer schöpfte. Die wunderschöne Schrift auf den Verpackungen im Regal konnte ich zwar nicht lesen, aber Spaghetti und Tomatensoße erkannte ich trotzdem. So viel Fremdes, mit dem ich zurechtkommen musste, in dem ich mich neu finden musste. Genau wie in meinem eigenen Leben, das sich zurzeit so fremd anfühlte. Als ich auf die Straße hinaustrat, brach die Sonne zwischen zwei Wolken hervor. Ich blinzelte nach oben, atmete tief durch und beschloss, dass ich mich nicht unterkriegen lassen würde. Heute war schließlich erst der erste Tag dieser Reise. Vielleicht würde es immer ein bisschen besser werden.

Ich schlenderte weiter zu den Marktständen. Einer davon bestand aus einem einfachen Holztisch, der schon leicht verwittert aussah. Er war über und über von Päckchen mit Kräutern und Teemischungen und von Fläschchen mit Tinkturen bedeckt. Fasziniert betrachtete ich die Bezeichnungen, die sowohl auf Griechisch als auch auf Englisch auf den liebevoll beschriebe-

nen Etiketten standen: Es gab nicht nur Salbei, Lavendel und Kamille, sondern auch Mischungen von Bergkräutern, Auszüge aus Ringelblumen und spezielle Tees, die fantasievolle Namen trugen. Bestimmt hatte der alte Mann, der an dem Tisch saß, sie selbst gesammelt und zusammengestellt. »Gute-Nacht-Tee« stand da auf Englisch oder »Frischer-Morgen-Tee«, »In-der-Mitte-ruhen-Tee« neben »Auf-dem-Weg-Tee«. Besonders angetan hatten es mir aber die als Heiltees gekennzeichneten Mischungen. »Heilendes Herz« stand da, und das Zellophan gab rötliche Blütenblätter in der Mischung preis, »Klare Erkenntnis«, »Sonniges Gemüt« und »Bei sich ankommen«, das Fenchelsamen zu enthalten schien.

Ob der alte Mann mit dem wettergegerbten, tiefbraunen Gesicht, dem schlohweißen Haar und dem weißen, kurz geschnittenen Vollbart mich beim Stöbern die ganze Zeit durch seine Sonnenbrille beobachtete, konnte ich nicht recht sagen. Er trug ein kariertes Hemd, eine graue Jeans und stützte sich, obwohl er saß, auf einen schwarzen Stock.
»I'd like to buy these«, versuchte ich es auf Englisch. Schnell zeigte ich auf die verschiedenen Heiltees und ein Fläschchen mit selbst gemachtem Lavendelöl.
Nach einem kurzen Moment, in dem ich bereits mein Portemonnaie zückte, antwortete der Mann knarzig: »Nur eins.«
Er hatte Deutsch gesprochen. Überrascht hielt ich in meiner Bewegung inne. Es klang nicht, als wäre er Deutscher, aber offenbar konnte er meine

Sprache gut. Zudem hatte er sofort erraten, dass ich keine Engländerin war.

»Wie bitte?«, fragte ich und ließ mein Portemonnaie sinken.

Er wedelte ungeduldig mit seiner freien Hand über die Produkte auf seinem Tisch. »Ich verkaufe Ihnen nur eine Packung. Oder meinetwegen ein Fläschchen.«

Seine Worte trafen mich wie ein kalter Windstoß. Zum einen, weil er wirklich fließend Deutsch sprach, zum anderen, weil er so unglaublich unhöflich war.

»Wieso?« Die Frage rutschte mir raus, doch im nächsten Moment dachte ich: »Egal, was er für Gründe hat. Ich muss schließlich gar nichts bei ihm kaufen, wenn der so unverschämt ist.«

Am Marktstand nebenan wandte sich der untersetzte Verkäufer zu uns und sagte etwas auf Griechisch zu dem alten Mann. Es klang beschwichtigend. Aber der alte Kauz reagierte nicht auf seinen Kollegen.

»Ach, ihr Touristen seid doch alle gleich! Ihr kommt hierher und denkt, das würde euch retten. Ein paar Tage Yoga, ein paar Tage Meditation, alles im Schnelldurchlauf. Dann noch Tees und Vitamine, aber nicht ein, zwei, sondern am besten fünf. Als ob das besser wäre. Schneller wäre.«

Ich stand vor Schreck wie festgefroren da und bewegte mich nicht. »Ari!«, schimpfte nun der korpulente Kollege. Aber der Alte war zu sehr in Fahrt.

»Ihr wollt doch die Heilung wie einen Ferrari!«

Dieser Satz traf mich wie eine Ohrfeige – die Heilung so sehr wollen wie einen Ferrari.
Was für ein Unsinn. Wütend stopfte ich mein Portemonnaie zurück in meine Jackentasche, machte auf dem Absatz kehrt und stapfte wortlos davon. Ich marschierte den Weg zurück zu meiner Ferienwohnung, ließ die Tür hinter mir ins Schloss knallen und setzte meine Einkaufstüte mit Wucht auf der Anrichte ab. Wie unmöglich war dieser alte Mann doch gewesen, wie unverschämt! Es gelang mir nicht, meine Wut abzuschütteln, weder bei dem Genuss meiner Spinat-Pastete noch bei einem kleinen Spaziergang am Meer. Noch nicht einmal am Abend, als wir gemeinsam in der Reisegruppe das entspannende Yin-Yoga mit vielen ruhigen Positionen durchliefen, konnte ich den Satz so ganz vergessen. Er hinterließ ein kratziges Gefühl, so als ob meine Fleecejacke plötzlich ungemütlich geworden wäre.

Mit den Wellen gehen

Am nächsten Morgen fühlte ich mich ein winziges bisschen besser. Ich war sehr früh ins Bett gegangen und hatte schlafen können. Und heute Morgen, als wir uns für die Yogastunde am Meer versammelten, lächelten wir Teilnehmer einander schüchtern zu und wünschten uns guten Morgen. Keiner hier kannte den anderen, und es war nicht Sinn der Sache, als Gruppe zusammenzuwachsen, weshalb es in den nächsten Tagen auch nur wenige Gemeinschaftsveranstaltungen geben würde. Es ging eher darum, dass wir alle mit unserer eigenen Geschichte hergekommen waren und nach etwas suchten, das uns guttat. Dass jede und jeder in seiner eigenen Meditation, ihrer eigenen Yogaroutine finden sollte, was heilsam für ihn oder sie war.

John, der Yogalehrer mit englischem Akzent, machte schon am frühen Morgen einen furchtbar fitten Eindruck. Aber er zwinkerte uns zu und bekräftigte, was er bereits am ersten Tag gesagt hatte, dass wir in unserem individuellen Tempo mitmachen sollten. Der traumhafte Blick über das tiefblaue Meer beim Sonnengruß entschädigte mich dafür, dass ich mich heute eher steif fühlte und bei der Vorbeuge kaum mit den Fingerspitzen auf den Boden kam.

Nach Yoga, Meditation und einem leichten Frühstück fiel mein Blick auf den Stapel Bücher, den ich mitgebracht und sorgfältig auf meinem Nachttischchen abgelegt hatte. Fünf Stück und allesamt brandneu. Ich hatte mich wunderbar dabei gefühlt, mir alle zu gönnen. Jedes behandelte eine andere Facette dessen, was ich hier auf dieser Reise verarbeiten wollte. Alte Muster hinter sich lassen, zu sich selbst finden, sich wieder für die Liebe öffnen. Eines der Bücher behandelte ein altes hawaiianisches Vergebungsgebet, worauf ich sehr gespannt war. Ein anderes, wie man sich in nur 30 Tagen neu erfindet. Daneben hatte ich mein großes, rotes, neues Notizbuch gelegt. Zunächst hatte ich in der Buchhandlung gezögert, denn es war doch nicht ganz günstig gewesen, aber schließlich sagte ich mir, dass in meiner Situation eine Ausnahme erlaubt war. Der Gedanke, die ersten Seiten mit meinen Notizen und Beobachtungen in Griechenland zu füllen, hatte mich mit Freude erfüllt. Doch jetzt betrachtete ich es zweifelnd. Drehte es unschlüssig in meiner Hand. Das Notizbuch war so neu und wertvoll, dass ich nicht wagte, irgendetwas hineinzuschreiben. Und die Bücher ... Ich seufzte.

Gerade war mir gar nicht danach, mich in die Lektüre zu stürzen.

Ich beschloss, stattdessen einen der Spazierwege rund um die Anlage zu erkunden. Ich folgte der Straße, die vom Dorf wegführte und sich einen Hügel hinaufschlängelte. Von dort oben würde man bestimmt eine wunderbare Aussicht haben. Nicht lange, und die Straße wurde zu einem Weg, der an den letzten Wohnhäusern entlangführte und dann in einen schmalen Pfad überging. Links und rechts wuchsen Wildblumen, Kräuter und Büsche, die bereits jetzt in der Vormittagssonne einen ganz eigenen Duft verströmten. Neugierig stapfte ich den Hügel weiter hinauf, bis der Pfad endlich auch von Schatten spendenden Bäumen gesäumt wurde. Der Weg wandte sich nun in einer Linkskurve. Ich legte den Kopf in den Nacken und überlegte, welche Bäume das hier wohl waren. Knorrige Olivenbäume hätte ich erkannt, aber dieses Wäldchen hier bestand aus Nadelbäumen. Wohlig sog ich den Geruch ein. Das mussten wohl Pinien sein.

Erst viel zu spät senkte ich meinen Blick wieder und bemerkte, dass sich ein paar Meter vor mir ein alter Mann auf dem Weg befand. Er pflückte etwas vom Wegesrand – ein Kraut oder eine Blume – und sah mich nicht gleich, aber ich erkannte ihn sofort. Das karierte Hemd, die graue Jeans, das schlohweiße Haar und der schwarze Gehstock. Es war der unfreundliche Mann von gestern.

Für einen Moment überlegte ich, ob ich auf der Stelle kehrtmachen sollte. Wenn ich jemanden hier nicht treffen wollte, dann war es dieser Kerl. Doch noch bevor ich leise umdrehen konnte, blickte er auf und entdeckte mich. Und obwohl er seine schwarze Sonnenbrille trug, konnte ich an seinem Gesichtsausdruck ablesen, dass auch er mich sofort erkannte. Unschlüssig richtete er sich auf.

Gut, wenn das so war, dann würde ich nun einfach weitergehen. Ich wäre ja ohnehin bestimmt schneller als er und würde ihn hinter mir lassen. Also stapfte ich entschlossen los, aber bevor ich an ihm vorbeigehen konnte, kam er zwei Schritte auf mich zu.

»Hören Sie ...«

Überrascht blieb ich stehen.

»Hören Sie, ich muss mich für gestern entschuldigen.«

Ich war so baff, dass ich nichts antworten konnte.

»Gestern war ein schwieriger Tag und ich ... Ich habe ihn nicht gut verkraftet.«

Ich nickte nur.

»Gestern war der Todestag meiner Frau. Sie ist vor einem Jahr an Krebs gestorben.«

»Oh, das tut mir leid!« Sofort erschien mir die Szene von gestern in einem ganz anderen Licht. Der alte Mann hatte nichts gegen mich oder andere Touristen. Er hatte nur irgendwo ein Ventil gebraucht. Und das hatte rein gar nichts mit mir zu tun gehabt.

Er nahm seine Sonnenbrille ab und blickte mich an. Im Kontrast zu seiner braunen Haut leuchteten seine Augen so tiefblau, wie ich es noch nie gesehen hatte. Blau, klar und ruhig. Sein Blick traf mich direkt in meine Mitte.

Er fuhr fort: »Vergessen Sie also bitte alles, was ich gestern Blödes gesagt habe.«

Für einen Moment zögerte ich. Ich hätte einfach »ja« sagen und meines Weges gehen können. Aber da war diese eine Sache, die mich antworten ließ: »Nein. Wissen Sie was? Da war ein Satz, den ich seit gestern nicht vergessen kann. Vielleicht erklären Sie mir, was Sie damit gemeint haben? Denn irgendwie ... haben Sie da vielleicht etwas Wahres gesagt.«

In seine Augen schlich sich ein verschmitztes Blitzen. »Etwas Wahres? Ich? Unmöglich.«

Er schmunzelte doch tatsächlich. Ich konnte nicht anders als lächeln. Vielleicht hatten wir beide gestern einfach keinen guten Start gehabt.

Ich machte einen Schritt auf ihn zu und hielt ihm meine Hand hin. »Ich bin übrigens Marie.«

Er blickte auf seine Hände – die eine auf den Gehstock gestützt, die andere voll mit Kräutern und seiner Sonnenbrille. »Oh!« Ich lachte, zuckte mit den Schultern und zog meine Hand zurück.

Er nickte mir zu. »Ich bin Ari. Freut mich, Sie kennenzulernen.«

»Ari, Gestern haben Sie diesen einen Satz gesagt. Wären Sie vielleicht so freundlich, mir zu erklären, was Sie damit gemeint haben, dass wir die Heilung suchen wie einen Ferrari?«

»Ach so. Das.« Mit dem Gehstock zeigte er den Pfad entlang. »Wollen wir dabei ein paar Schritte laufen, wenn Sie die Gesellschaft eines so uralten Kerls wie mich nicht stört?«

Ich blickte in die Richtung, in der sich der Pfad zwischen den Bäumen verlor. Lächelnd antwortete ich: »Es wäre mir eine Ehre.«

Wir trotteten langsam voran. Obwohl Ari einen Gehstock verwendete, machte er keinen gebrechlichen Eindruck. Nur sehr leise schlug der Stock den Rhythmus unseres Spaziergangs auf dem sandigen Pfad.
Ich holte tief Luft: »Als Sie gestern gesagt haben, wir suchen die Heilung wie einen Ferrari, hat mich das wütend gemacht.«
Ari nickte nur. Er verstand offenbar, dass ich ihm seinen Ausbruch nicht zum Vorwurf machte.
»Aber ich war viel wütender als nötig ...« Kurz biss ich mir auf die Lippe. »Und deswegen denke ich, dass an diesem Spruch irgendetwas dran ist. Ich weiß nur noch nicht, was.«
Ari hatte seine Sonnenbrille wieder aufgesetzt. Mir war, als würde ich dennoch einen freundlichen Zug um seine Augen erkennen.
»Was hat Sie denn am meisten daran gestört?«
»Na ja, zuerst fand ich das absurd. Ein Ferrari ist ein Statussymbol. Teuer und unnötig – es sei denn, man ist Autofan oder jemand in der Midlife-Crisis, der etwas kompensieren muss.«
Von der Seite sah ich, dass Ari das amüsierte. »Oh ja, davon gibt es einige! Wir alten Männer begehen so manche Dummheit. Über dieses spezielle Alter bin ich aber längst hinaus.«
»Das denke ich mir.« Für ein paar Schritte lächelten wir einfach nur vor uns hin. »Irgendetwas an diesem Bild von einem roten Ferrari ...«

»Ein roter? Ich habe nicht rot gesagt. Ist er das in Ihrer Vorstellung?«
Ich stockte. Wie kam ich auf die Farbe Rot?
»So rot wie mein Notizbuch«, sagte ich leise, den Blick auf den Pfad gerichtet, fast schon zu mir selbst.
Ari wartete geduldig, bis ich weitersprach.
»Ich habe eine schwierige Trennung hinter mir und habe mir für die Reise einen ganzen Stapel Selbsthilfebücher gekauft. Plus knallrotem Notizbuch. Und eigentlich liebe ich solche Bücher, nur heute Morgen fühlte ich mich von diesem Stapel schier erschlagen. Ich glaube ... Ich glaube, ich bin in fast so etwas wie einen Kaufrausch verfallen, weil ich mir erhofft habe, dass diese Bücher helfen.«
»Das tun sie ja sicherlich auch.«
»Natürlich! Aber ich dachte, je mehr, desto besser. Als ob der Kauf allein schon heilsam wäre.«
»Nun ja, wenigstens haben Sie keinen roten Ferrari gekauft.«
Ari lachte ein kratziges, sympathisches Lachen.
»Nein. Nur ein feuerrotes Notizbuch. Vielleicht wäre es besser gewesen, erst einmal nur eines dieser Bücher zu kaufen, sich wirklich Zeit zu nehmen und es Kapitel für Kapitel gründlich durchzulesen und durchzuarbeiten. Nicht schnell-schnell und weiter zum nächsten.«
»Nur eins?« Aris Mund verzog sich zu einem so schelmischen Lächeln, sodass ich sofort begriff.
Nur eins. Das hatte er mir gestern am Marktstand entgegengeworfen, als ich bei ihm gleich fünf Teepäckchen auf einmal hatte kaufen wollen.

»Nur eins«, bestätigte ich zerknirscht. »Sie hatten recht.«
»Es war gestern trotzdem unhöflich von mir und tut mir leid.«
Vor uns lichteten sich die Bäume. Zur Linken hatte man hier oben eine wunderschöne Sicht über das tiefblaue Meer, das in der Mittagssonne glitzerte. Rechts vom Pfad lag ein Felsbrocken, der sich als Sitzbank anbot. Wir nahmen Platz und ließen die Aussicht auf uns wirken. Die Weite. Das Licht über dem Wasser.
Vorsichtig platzierte Ari die gepflückten Kräuter neben sich auf den Stein, legte auch seine Sonnenbrille ab. Ebenso wie er reckte ich mein Gesicht in die wohltuende Sonne. Mir war, als würde der Piniengeruch noch von einer herben Note von Salbei durchzogen, die wohl von dem in der Sonne liegenden Kräuterbündel herrührte. Irgendwann begann Ari zu sprechen: »Meine Frau war Deutsche, aus Heidelberg.«
»Ach, deswegen sprechen Sie fließend Deutsch!«
Ari nickte. »Sie hat mir die Sprache beigebracht und alles Wichtige, was man über das Leben und die Liebe wissen muss. Und über Kräuter! Sie war diejenige, die die Tinkturen zubereiten und Tees zusammenstellen konnte. Ich war ausgebildeter Apotheker und gemeinsam haben wir viele Jahrzehnte lang eine Apotheke geführt, aber die Art, wie sie sich auf die Natur, die uns umgibt, besonnen und daraus die einfachsten und zugleich wirkungsvollsten Heilmittel hergestellt hat, ist mir geblieben. Mit viel Liebe fürs Detail. Mit viel Liebe für die Pflanzen, die uns das alles schenken. 44 Jahre waren wir verheiratet. Die Krebserkrankung war ...«
Er sprach es nicht aus. Vielleicht langwierig? Vielleicht ein Schock?
»Es tut mir so leid«, flüsterte ich.

»Wir alle wünschen uns, dass der Schmerz schnell weggeht. Oder dass uns jemand sagt, wann genau er aufhört. Und außerdem haben wir Angst, dass der Schmerz vielleicht sogar niemals aufhört.«

Trotz der warmen Mittagssonne bekam ich eine Gänsehaut. Er hatte recht. Ich hatte Angst, wegen Tim ewig traurig zu sein. Es fühlte sich so unendlich an. Ich hatte mich nur noch nicht getraut, mir diesen Gedanken einzugestehen.

»Deswegen kaufen wir nicht nur eins, sondern fünf Bücher. Fünf Tees. Fünf Ferraris«, fuhr Ari fort und hob eine weiße Augenbraue. »Weil wir wollen, dass der Schmerz schnell aufhört. Deswegen kleben wir lieber schnell ein Pflaster darüber. Schnell wegmeditieren. Schnell ein Buch lesen über eine Fünf-Schritte-Methode, die Linderung verspricht. So haben wir etwas, woran wir uns festhalten können, etwas, das uns ein Gefühl von Kontrolle gibt. Und das ist noch nicht einmal schlimm.« Er hob einen knochigen Zeigefinger, um den Punkt zu bekräftigen. »Marie, kaufen Sie sich ruhig so viele Bücher, wie Sie möchten, so viel Tee, wie Sie nur trinken können. Für den Moment tut das ja gut. Sie müssen nur wissen, dass es dadurch nicht schneller geht und dass es vielleicht auch nicht besser wird. Na gut, kommt auf den Tee an.« Er schmunzelte schon wieder. Natürlich spielte er auf seine eigenen Teemischungen an.

Aber auch, wenn ich diesen alten Mann und seine kauzige Art so langsam ins Herz schloss, konnte ich doch nicht mitschmunzeln.

»Ich weiß nicht. Ist das nicht eine sehr traurige Sichtweise? Kann ich denn gar nichts tun, dass es besser wird? Was würden Sie machen, statt Bücher zu kaufen, Ari?«

»Nein, ich meine das gar nicht traurig. Wir sind nur zu ungeduldig. All das – die Heilung, unser weiterer Weg – gelingt durch unsere Hingabe an das Universum.«

Universum? Das war ein riesiges Wort. Eines, das so vieles bedeuten konnte. Manche Menschen sahen darin das, was man durch ein Teleskop erblicken konnte, andere das, woran sie glaubten. Hingabe an so etwas Riesiges, dieser Gedanke machte, dass ich mich ein wenig hilflos fühlte.

»Sie meinen so etwas wie Akzeptanz?«

»Unter anderem, ja.«

»Aber ... Das bedeutet dann ja doch, dass ich nichts tue.«

Energisch schüttelte er den Kopf. »Hingabe bedeutet nicht, dass wir untätig sind und uns wie ein Blatt im Wind den Weg entlang treiben lassen. Nein, nein, das ist eines dieser Missverständnisse. Immer wieder, wenn ich mit den Menschen spreche, fällt mir auf, dass sie das Konzept falsch begreifen. Es gibt da drei Punkte, die man verstehen muss.«

»Was genau sind denn das für Missverständnisse, die wir haben? Verraten Sie mir das, Ari?«

Ari antwortete nicht sofort. Er sah zum Meer, als würde er am Horizont eine Antwort suchen. Dann blickte er mich ruhig mit seinen klaren, blauen Augen an.

Da er immer noch nicht zum Sprechen anhob, fragte ich neckend: »Oder sind diese Punkte denn ein Geheimnis?«
Da, ich hatte ihn zum Lächeln gebracht.
»Ja, Marie, manchmal kommt es mir vor, als seien es gut gehütete Geheimnisse, weil kaum jemand davon zu wissen scheint. Dabei würden sie uns vieles leichter machen. Es ist nur so, dass man diese – nun ja, Geheimnisse – am besten versteht, wenn man nicht nur darüber spricht. Sondern sie wirklich erfährt und begreift.«
Ich nickte, lehnte mich dann aber hinüber zu ihm und fragte mit geneigtem Kopf und tiefer Stimme, so als sei ich seine Komplizin: »Also, verraten Sie mir die drei Geheimnisse?«
Bei seiner Antwort funkelten seine Augen regelrecht. »Nur eins.«
Jetzt lachte ich los. »So wie ich also nur eine Teepackung haben darf, darf ich nur ein Geheimnis kennenlernen?«
Er setzte seine Sonnenbrille wieder auf und lächelte mich an. Ich konnte sehen, dass er es nicht frech oder zynisch meinte, als er sagte: »Wir sprechen hier ja schließlich über die ganz wichtigen, großen Dinge im Leben, Marie. Wenn Sie möchten, erzähle ich Ihnen gern, was ich die drei Geheimnisse nenne. Stück für Stück. Und bei der nächsten Meditation oder der nächsten Yogaübung denken Sie jeweils darüber nach. Sie werden sehen, Marie«, Ari breitete seine Arme aus, »Sie brauchen überhaupt keinen Ferrari.«

Ari schlug vor, zum Wasser zu gehen, ich stimmte zu und folgte ihm. Der Pfad schlängelte sich den Hügel hinab. Während wir Stück für Stück die Bäume und mit ihnen den Piniengeruch hinter uns ließen, erzählte Ari, wie er seine ersten Tinkturen zusammengestellt und dabei kläglich versagt hatte. Wie er seine Frau damals beeindrucken wollte, das aber gründlich danebenging und sie ihn seither sanft, aber beständig damit aufgezogen hatte. Ruhig und mit einem Lächeln erzählte er, während der Weg wieder zur geteerten Straße wurde, während die ersten Häuser am Wegesrand auftauchten. Ich hörte zu und stellte fest, dass er fröhlich davon sprechen konnte. »Ob ich wohl irgendwann auch so heiter von einer schönen Begebenheit zwischen Tim und mir reden kann?«, ging es mir durch den Kopf. »Wie lange dauert es wohl, bis der Verlust nicht mehr wehtut? Kann ich irgendwann einmal unbeschwert über auch nur einen Moment mit Tim nachdenken?«
Wir kamen am anderen Ende des Dorfes wieder an und Ari schlug einen Weg zwischen der Apotheke und dem Kiosk ein. Er führte direkt ans Meer, an einen verlassenen, winzigen Kieselstrand. Einige hundert Meter weiter links befanden sich die Ferienwohnungen. Ich schirmte meine Augen mit der Hand gegen die Sonne ab, um besser sehen zu können. Ein paar Menschen konnte ich ausmachen, die dort am Strand lagen und zwei, die im Wasser schwammen. Hier jedoch war niemand.
Die Sonne hatte nun ihre volle Kraft entfaltet. Links und rechts säumten hügelige Inseln

den Horizont, der Himmel war tiefblau, als Geräusch nur das sanfte Plätschern der Wellen am Strand zu hören. Ich atmete tief auf. Vielleicht war es doch eine gute Idee gewesen, nach Griechenland zu kommen.

Ari lächelte mir zu. »Bereit für das erste Geheimnis?«

Ich grinste verschmitzt zurück. »Noch nicht ganz.«

Schnell streifte ich meine Turnschuhe ab, zog meine kurze Hose zur Sicherheit noch etwas höher und tappte vorsichtig über die Kieselsteine ins Meer. Bis zu den Knien watete ich in das glasklare Wasser, durch das ich jedes einzelne Steinchen auf dem Grund sehen konnte. Die Temperatur war wohltuend kühl, ich bekam eine Gänsehaut. Mein ganzer Körper entspannte sich und ich seufzte laut.

Ich drehte mich zu Ari um, der breit lächelnd am Ufer stand. Sicherlich wusste er genau, wie wunderbar sich das anfühlte. Ganz sanft platschten die leichten Wellen gegen meine Kniekehlen, in einem ruhigen Rhythmus.

»Ich sehe, Sie lernen die Lektion bereits«, schmunzelte er.

Ich stützte die Hände in meine Hüften. »Das möchte ich jetzt aber schon etwas genauer wissen!«

»Das Meer ist heute sehr schön ruhig, es ist fast windstill. Für das erste Geheimnis müssten Sie sich vorstellen, dass es anders ist. Wenn das Meer stürmischer wäre, wären die Wellen ziemlich hoch ...«

»... und ich wäre auf einen Schlag klatschnass«, fügte ich hinzu, mit Blick auf das Wasser, das gegen meine Kniekehlen schwappte.

»Genau. Nehmen wir das Meer als Bild für das Leben, ein Auf und Ab, mal stärker, mal schwächer. Was passiert, wenn eine große Welle kommt, Marie, und Sie stehen hier?«

Ich überlegte kurz. »Ich werde wahrscheinlich umgehauen. So eine Welle hat eine ziemliche Kraft.«

Ari nickte. »Wenn wir stehen bleiben oder uns gegen die Welle stemmen, trifft sie uns mit Wucht. Wir müssen mit ihr gehen, uns mit dem natürlichen Lauf verbinden. Widerstand bewirkt nichts. Wir heilen nicht durch Widerstand oder Stillstand, sondern indem wir uns dem Wellenlauf anpassen. Das meine ich damit, wenn ich sage, wir müssen uns dem Universum hingeben. Und ein Missverständnis ist, zu glauben, dass wir dann gar nichts tun, wenn wir uns hingeben. Das stimmt nicht! Hier kommt das Geheimnis: Wir sollten durchaus etwas tun – mit der Welle schwimmen, auf ihr surfen, uns mit ihr voranbewegen! Oder von mir aus planschen und lachen. Und dabei Salzwasser schlucken.« Heiter zuckte er mit den Schultern. »Aber Stillstand geht nicht, die Welle zurückschubsen geht auch nicht – und wer versucht, dagegen anzustehen, wird getroffen, umhergewirbelt. Das macht es schwieriger.«

Wenn Ari das so beschrieb, spürte ich das leichte Klatschen der Wellen in meinen Kniekehlen noch deutlicher. Ich konzentrierte mich ganz darauf, senkte den Blick auf das klare Wasser, das meine Beine umspülte. Wenn ich die Füße in den Kieselboden stemmte und mich gegen die Welle drückte, platschte das Wasser stärker, ein paar Tropfen spritzten mein Hosenbein nass. Dann verlagerte ich mein Gewicht auf ein Bein und ließ das andere sanft in der Welle mitschwingen, als ob ich mit der Strömung gehen würde. Da der Wellengang nicht so stark war, führte ich bewusst die Bewegung leicht mit: Bein nach vorne mit der

Welle, Bein sanft zurücksinken lassen mit dem Zurückziehen des Wassers.

Ich dachte an Tim. Diese Welle, unsere Trennung, hatte mich komplett erwischt. Und ordentlich durcheinandergewirbelt. Hätte ich etwas tun können, um nicht so heftig getroffen zu werden? Konnte ich denn jetzt, wo es passiert war, mit der Welle gehen? Was bedeutete es für mich, mich dem »Universum hinzugeben«?

Vorsichtig stellte ich mich wieder auf beide Beine, fand mein Gleichgewicht. Es bedeutete, voll und ganz zu akzeptieren, dass Tim nicht mehr da war, dass ich in eine leere Wohnung zurückkommen würde und das als meine neue Normalität annehmen musste. Ich schluckte. Ein winzig kleines bisschen Hoffnung, dass Tim es sich anders überlegen könnte, wenn er denn erst einmal Abstand gewonnen hätte, trug ich wohl auf eine gewisse Weise doch noch in mir. War ich bereit, auch diesen kleinen Zipfel, an dem ich mich festhielt, loszulassen? Andererseits käme es viel härter für mich, wenn ich wochenlang auf seine Einsicht und einen Anruf von ihm warten würde.

Ich drehte mich vom Ufer weg und blickte auf den Horizont.

»Geh mit der Welle, Marie«, flüsterte es in mir. Du hast sie dir nicht gewünscht, aber jetzt ist sie da. Du kannst mit ihr schwimmen, versprochen.

Ich schloss die Augen und spürte die Wärme der Sonne auf meinen Lidern, spürte die Wärme von Tränen dahinter brennen. Kurz sah ich mich zum Ufer um, wo Ari stand und wortlos seine Hand zum Gruß hob.

Ich nickte nur. Er drehte sich um und ging. Er hatte recht gehabt, diese eine Lektion reichte mir für den Moment voll und ganz. Hingabe an das Universum. Akzeptieren, was ist. Das Geheimnis war, mit der Welle zu gehen. Es war alles andere als einfach. Ich blieb ruhig und mit wieder geschlossenen Augen im Wasser stehen, bis ich das Gefühl hatte, dass mich die Sonne komplett gewärmt und gestärkt hatte.
Für alles, was noch kommen würde.

Ein erster Schritt

Ich legte doch tatsächlich einen kleinen Mittagsschlaf ein. Das war etwas, was ich mir schon ganz lange nicht mehr erlaubt hatte. Bei einem Nachmittagstief hatte ich sonst immer mit ein oder zwei Tassen Espresso versucht, die dumpfe Schwere abzuschütteln. Hatte weitergearbeitet, mich beschäftigt gehalten. Aber hier, auf einer Insel, von der ich vor ein paar Tagen noch nicht einmal gehört hatte, war alles anders. Und ich vermutete, dass all das, worüber ich heute Vormittag mit Ari gesprochen hatte, außerdem doch viel zu verarbeiten gewesen war.

Als ich aufwachte, war alles Wissen noch verschwommen – in was für einem Bett lag ich, und warum lag Tim nicht neben mir, war er vielleicht gerade im Badezimmer?

Nach Sekundenbruchteilen fiel mir alles wieder ein und mit Wucht war die Traurigkeit zurück. Ich setzte mich auf und lehnte meinen Kopf an die Wand. Wenn ich nicht immer wieder in so einen Zwischenzustand geraten wollte, in dem ich in Gedanken noch in der Vergangenheit war, dann musste ich etwas tun. So hatte Ari es ja auch gesagt: Wenn ich diese Situation gut meistern wollte, dann war mein aktives Mithandeln gefordert. Ich wollte nicht noch häufiger so aufwachen wie gerade eben. Und ich musste mir eingestehen, dass ich schon längst, zeitgleich zu ihm, eine neue Wohnung hätte suchen können. Sich auf die Suche zu machen bedeutete, nun doch endgültig mit dem Alten abzuschließen. Es hieß, mich wirklich »hinzugeben« – nämlich der Tatsache, dass die Situation nun einmal so war, wie sie war. Die Trennung. Das Alleinsein. Auch in Zukunft. Seltsam, wie sehr ich mich vor der Wohnungssuche offenbar gedrückt hatte, ohne es so recht zu merken.

Noch ganz warm vom Schlaf stand ich vom Bett auf und nahm mein Handy vom Tisch. Suchte nach einer Immobilien-App und lud sie herunter. Die Suchmaske fragte mich: In welchem Stadtteil von München wollen Sie suchen? Wie viele Zimmer soll die Wohnung haben? Welche Kriterien sind sonst noch wichtig?

Mein Finger schwebte unbeweglich über dem Display. Keine Ahnung, keine Ahnung, keine Ahnung. Wollte ich wirklich noch in der gleichen Gegend wohnen? Wollte ich so weit weg wie möglich von Tim leben, sodass ich ihm nicht mehr begeg-

nen würde? Oder würde ich meine vertraute Nachbarschaft vermissen? Wäre es schöner, zwei kleine Zimmer zu haben, sodass ich nicht im gleichen Zimmer arbeiten, schlafen und essen müsste, oder wäre das sogar gemütlich?

Ich ließ das Handy sinken. Immer noch fühlte ich mich warm und stickig. Ratlos blickte ich auf das blaue Feld des Himmels, das mein kleines Fenster freigab. Es war nicht so einfach, zu wissen, in was für einer Wohnung ich in Zukunft leben wollte, aber es war ganz einfach zu wissen, was ich jetzt wollte: Raus hier, an die frische Luft, in die Sonne, zum Wasser. Schnell streifte ich meinen Badeanzug über, schnappte mir T-Shirt, Handtuch und Handy und ging hinaus ans Meer.

Das Sonnenlicht tat gut, jetzt am späten Nachmittag spürte man die Hitze nicht mehr so stark. Im Gegensatz zu vorhin war gerade niemand am Meer. Das letzte der Ferienhäuser in der Reihe hatte eine Terrasse zum Meer hin. Lediglich ein einzelner leerer Stuhl stand darauf. Niemand war da, der den herrlichen Ausblick genoss. Ein Stück weiter hinten, dort, wo die Dorfzeile begann, hatte das kleine Café ein paar Stühle an den Kiesstrand gestellt, Fetzen von griechischer Gitarrenmusik, die metallisch aus kleinen Lautsprechern plärrte, waren bis hierher zu hören. Ansonsten war es still. Ich tappte bis zum Wasserrand, legte meine Sachen ab und streifte die Flip-Flops von den Füßen. Dann watete ich hinein, den Blick auf den blauen Horizont gerichtet. Immer noch gab es sehr wenig Wellengang, das Wasser war von der Sonne über den Tag ein kleines bisschen aufgewärmt worden. Ich spürte das angenehm kühle Nass an meinen Waden, an meinen Schenkeln. Stoppte nicht, als es sich nun doch kalt an meinem Bauch anfühlte, ging noch weiter hinein. Nicht stehen

bleiben, sagte ich mir, sondern mit den Wellen gehen. Dann schloss ich die Arme über dem Kopf und tauchte ein, schwamm ein, zwei Züge. Prustend kam ich wieder an die Oberfläche, strich mir das Wasser aus dem Haar, schmeckte das Salz auf meinen Lippen. Ich wusste, dass es nicht ganz so einfach war, aber dennoch wünschte ich mir, dass ich die Vergangenheit und die Traurigkeit einfach so wegspülen könnte. Dass ich mit jedem Mal im Meer etwas davon aus mir herauswaschen könnte. Noch einmal tauchte ich ab und schwamm einige Meter. Mein Körper hatte sich der Wassertemperatur angepasst, jetzt fühlte es sich nicht mehr kalt an, nur noch wunderbar klar und erfrischend.
Langsam drehte ich mich wieder Richtung Ufer, schwamm erst, watete dann zurück.
Ich würde nicht warten mit der Wohnungssuche, obwohl ich nicht wusste, was ich zurzeit wollte. Ich würde aktiv werden – am besten selbst eine Anzeige in einer Zeitung aufgeben – und dann aufgrund der Antworten sehen, wie ich in Zukunft leben wollte. Wie etwa mein Bauchgefühl auf einen bestimmten Stadtteil reagieren würde. Und etwas, das mir erst jetzt, in der Kühle des Nachmittags, so richtig klar wurde, war: Ich konnte diese Anzeige für eine Woche schalten und einige Wochen später eine andere, falls meine Wünsche sich zwischenzeitlich änderten. Dieser Gedanke verlieh mir neuen Schwung. Ich würde auch in der Immobilien-App nachsehen, was gerade angeboten wurde, aber ich war mit solchem Tatendrang erfüllt, dass ich mich nicht auf ein passives Fin-

den und Warten beschränken, sondern aktiv suchen wollte.

Erst, als ich wieder am Ufer angelangt war und mich nach meinem Handtuch bückte, bemerkte ich, dass nun jemand neben dem Stuhl auf der Terrasse stand.

Und mir zuwinkte. Es war Kim! Ich winkte zurück. Schnell streifte ich mir mein T-Shirt über, schnappte mir meine restlichen Sachen und lief zu ihr. Lächelnd rief sie mir schon von Weitem zu: »Genießt du das Meer?«

»Ich musste den Kopf frei bekommen«, erklärte ich. Sie nickte. Ich war bei ihr angelangt und stand praktisch auf der anderen Seite des Terrassengeländers. »Und jetzt werde ich vor dem Yoga noch schnell eine Wohnungsanzeige aufgeben.« Ich deutete auf mein Handy. »Oder ... Weißt du vielleicht, ob das Café einen Computer hat? So etwas wie ein Internet-Café? Es wäre einfacher als mit dem Handy, und ich habe keinen Laptop dabei.«

Ich hatte ganz bewusst alles zu Hause gelassen, was mich zum Arbeiten hätte verführen können. Meinen Laptop und sogar meine Canon.

Kim deutete mit dem Daumen auf ihre Terrassentür. »Das Café hat so was nicht, aber ich habe einen Computer und einen Drucker. Und Stifte und Papier. Alles, was man halt braucht, wenn man für seine Reisegäste so einiges organisieren muss. Und einen Kaffee kann ich dir dabei auch anbieten, was meinst du, möchtest du reinkommen?«

»Wirklich?«

Kim war wie immer praktisch und direkt, genau so hatte ich sie auch beim Kennenlernen empfunden. Das tat mir in meinem Tatendrang so richtig gut. »Wenn ich dich nicht störe ... Ich muss noch überlegen, wie ich diese Anzeige formuliere.«

»Kein Problem. Wenn du magst, kannst du mit mir durchsprechen, was du drinhaben magst. Oder auch auf keinen Fall möchtest. Manchmal hilft es ja auch, zu merken, was man nicht möchte.«

»Ja, ganz genau.« Ich strahlte. »Danke, Kim, dann machen wir das jetzt!«

Am Abend lag ich bereits in meine Decke eingekuschelt im Bett und blätterte noch durch eines der Bücher, als mein Handy klingelte. Es war Julia, meine beste Freundin. Wir hatten in München zusammen Grafikdesign studiert und waren seither unzertrennlich. Es tat gut, ihre vertraute Stimme zu hören.

»Wie ist es in Griechenland?«

»Hm«, zögerte ich. »Anders, als ich mir das vorgestellt habe.«

»Gut anders oder schlecht anders?«

Ich erzählte ihr von der Insel, vom Kieselstrand, von den Pinienbäumen. Davon, wie hier der original griechische Feta schmeckte und wie die Tage durch die Yogastunden strukturiert waren.

»Und ... denkst du noch viel an Tim?«

Ich antwortete scherzhaft: »Nur noch jede zweite Minute, nicht mehr jede.«

»Na, siehst du, das ist doch ein Fortschritt!« Sie lachte ihr unverkennbares Lachen, das mehr zu einer Jazz-Sängerin passte als zu einer Kin-

derbuchillustratorin. Ich war so froh, ihre Stimme zu hören. Mit einem wohligen Gefühl ließ ich mich etwas tiefer in die Kissen sinken.
»Und wie geht es dir zu Hause in Deutschland?«
Julia erzählte von ihrem aktuellen Projekt, für das ein furchtbar enger Zeitrahmen veranschlagt war, sodass sie gerade Tag und Nacht zeichnete. Und davon, dass der geplante Urlaub in Japan, auf den sie sich schon so lange freute, wahrscheinlich ins Wasser fallen würde. »Kannst du dir das vorstellen? Schon seit Anfang des Jahres organisieren Markus und ich alles für diese Reise, und jetzt muss er irgendeine Sache mit dem Vorstand ausarbeiten und präsentieren. Die nehmen natürlich keine Rücksicht auf irgendwelche Urlaubspläne. Und alleine mag ich auch nicht verreisen.«

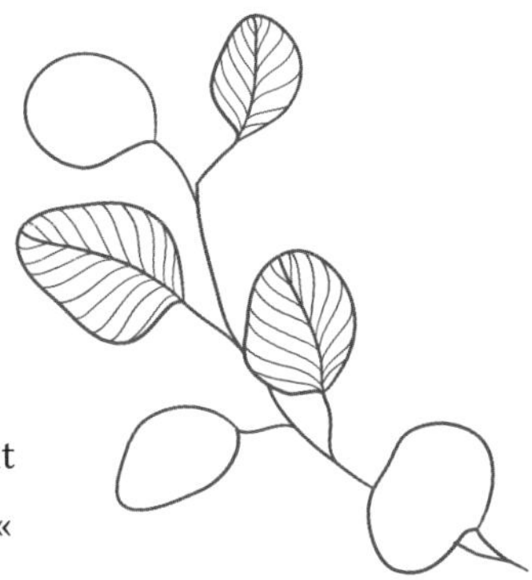

»Das tut mir leid.«
»Oh, ich meinte natürlich ... Also, es ist ja nicht so, als ob alleine zu reisen so schlimm wäre ...«
»Keine Bange, ich hab das nicht persönlich genommen. Schließlich hattet ihr euch gemeinsam darauf vorbereitet und euch auch beide gewünscht, die Sehenswürdigkeiten zu sehen. Ich kann total verstehen, dass du nicht alleine zum berühmten Fischmarkt in Tokio pilgern willst und die frischesten Sushi der Welt essen magst, wenn du doch dachtest, dass Markus das mit dir teilt. Bei mir ist das ja anders, ich habe mich darauf eingestellt, allein hierherzukommen. Alle Teilnehmer hier sind ohne Begleitung angereist. Im Grunde ist das die beste Voraussetzung, um sich wohlzufühlen. Man

kann dann alleine sein, wenn man möchte, oder eben mit der Gruppe zusammen Yoga machen.«
»Irgendwie ein echt gutes Konzept. Und alle anderen sind auch allein?« Gespielt verschwörerisch senkte sie ihre Stimme und fuhr fort: »Gibt's denn da, wo du jetzt bist, auch einen interessanten Mann, der allein ist?«
»Oh ja, den gibt es«, gab ich grinsend zurück. »Aber nicht so, wie du denkst!«
Und dann erzählte ich ihr alles von Ari.

Der schwarze Stein

Während ich am nächsten Morgen meinen Kaffee aufbrühte, sah ich stirnrunzelnd nach, ob Tim mir nicht inzwischen eine Nachricht geschrieben hatte. In München würde heute im Laufe des Tages die Umzugsfirma kommen. Hätte Tim noch letzte Instruktionen für mich? Ich wusste selbst nicht, welche das sein sollten. Sein Auszug würde nur klaffende Löcher im Bücherregal und im Schrank hinterlassen. Ebenso wie in meinem Herzen.

Ich setzte meine Tasse auf der kahlen Arbeitsplatte ab und blinzelte durch das Küchenfenster hinaus aufs Meer. Wohl oder übel musste ich mir eingestehen, dass ich es schlicht gewohnt war, von Tim Nachrichten zu bekommen.

Ich war es gewohnt, mich mit ihm auszutauschen. Zu anderen Zeiten hätte ich ein Foto geschossen und ihm ein Bild von meinem Ausblick hier geschickt: Blau und Glitzern, die Gischt und der Himmel darüber. Heute konnte ich nur stumm hier sitzen, in der Stille des Morgens, und grübeln, ob Tim seinen Wohnungsschlüssel in den Briefkasten werfen oder mir irgendwann persönlich geben würde. Ob ich den vielen Platz in der Wohnung irgendwie füllen wollte, damit er nicht so auffiel, bis ich eine kleinere Bleibe gefunden hatte. Ob Tim wohl jetzt gerade auch an mich dachte, so wie ich an ihn.

Wieder nahm ich mein Handy von der Küchenplatte, starrte auf das dunkle Display, drückte einen Knopf, damit es aufleuchtete. Nichts.

Plötzlich pingte es. Vor Schreck ließ ich das Handy fast fallen. Ich sah sofort, dass die Nachricht von unserem Yogalehrer an uns alle war, aber mein Herz klopfte wie wild.

Verspäte mich etwas, Yoga beginnt fünfzehn Minuten später!

LG John

Ich ließ mein Handy sinken. Blickte hinaus aufs Meer. Die Wellen waren heute etwas höher. Wenn ich hier, in dieser kleinen, fremden Küche, sitzen bliebe, würde mich heute die Welle hart treffen. Die Welle meiner Trauer darüber, dass Tim auszog. Oder ich konnte meinen Tag beginnen, zunächst ohne große Erwartungen. Zum Yoga gehen und meinen Körper bewegen. Ins Dorf gehen und bei Ari einen Tee kaufen. Im Kiosk nach Badeschuhen fragen, damit die Kieselsteine mich nicht mehr so piksten. Und sehen, was dann noch passieren würde. So unspektakulär und simpel würde heute meine Hingabe an das Universum aussehen.

Ari schmunzelte, als ich später in einem bestimmenden Ton einen »Auf-dem-Weg-Tee« kaufte und das Geld bereits abgezählt auf seinen verwitterten Holztisch legte. Mir war klar, dass er heute nicht unwirsch ablehnen würde. Augenzwinkernd steckte ich die kleine Tüte schnell ein. Gespielt streng jedoch hob Ari seinen Zeigefinger: »Der Tee hilft, aber nur, wenn man sich auch wirklich auf den Weg macht. Es verhält sich wie mit meinem Gehstock: Wenn ich ihn nicht beim Gehen verwende, dann tut der Stock – gar nichts!«

Da, er hatte mich zum Lachen gebracht. Das war der Grund, warum ich heute Morgen aufbrechen und meine Küche verlassen musste. Dankbar seufzte ich und fragte: »In dem Fall – wären Sie denn heute noch einmal für einen Spaziergang zu haben?«

Ari nickte lächelnd. »Treffen wir uns um zwei Uhr an der Bäckerei? Von dort können wir wieder den Pfad in den Wald hochgehen.«

»In Ordnung. Bis dahin werde ich eine Tasse Tee probiert haben. Ich verrate Ihnen etwas: Ich habe immer noch nicht in mein ferrarirotes Notizbuch geschrieben. Mir war einfach nicht danach.«

»Ich glaube, das ist in Ordnung, Marie. Sie haben noch Zeit.«

Wir verabschiedeten uns. Mit der Aussicht auf unseren Spaziergang konnte ich es leichter in meiner ruhigen, einsamen kleinen Ferienwohnung aushalten.

Als ich mittags zur Bäckerei kam, wartete Ari bereits auf mich. Mir fiel auf, dass ich den Namen Ari hier in Griechenland noch nie gehört hatte.

Wir schlugen die Straße ein, die sich den Hügel hochschlängelte, und ich fragte: »Was bedeutet eigentlich Ari?«
Er bückte sich nach einem Kraut am Wegesrand, pflückte es und antwortete dann: »Ari steht für Aristoteles.«
»Den Philosophen?«, fragte ich freudig erstaunt. Wie passend, dass ein alter Mann so hieß. Unter Aristoteles stellte ich mir zwar jemanden mit einem längeren Bart vor, den aber genauso weiß wie Aris.
»Meine Mutter behauptete später, sie habe mich nach Aristoteles Onassis benannt. Sie war ein Fan von ihm. Und sie gab sich gern exzentrisch. Auch wenn man sich ausrechnen kann, dass das mit meinem Geburtsjahr nicht ganz zusammenpasst …«
Ich versuchte, zu überschlagen: Aristoteles Onassis war in den 1960ern berühmt geworden. Zu dieser Zeit war Ari bestimmt schon ein kleiner Junge gewesen.
Schritt für Schritt ließen wir das Dorf hinter uns. Ari erklärte mir, dass es nicht ungewöhnlich war, Kindern Namen von alten und berühmten Griechen zu geben. Aber Aris Mutter hatte die Dramen aus der High Society geliebt und die Entstehungsgeschichte seines Namens nur zu gern angepasst.
Ich lauschte seiner Erzählung und genoss die ruhige Stimmung, die uns umgab. Betrachtete, während ich zuhörte, die sanften Farben der Blumen, die den Weg säumten. Das Lila der Mariendisteln, das Weiß der Margeriten. Jeder Schritt, den ich weiter den Hügel hinauf machte, führte mich

weiter weg von dem dunklen, einsamen Gefühl in meiner Küche.

Als der Pfad die Linkskurve machte und der Piniengeruch um uns herum intensiver wurde, sog ich wohlig die Luft in einem tiefen Atemzug ein.

»Ari, ich glaube, ich habe heute einen Vorgeschmack davon bekommen, was es heißt, sich dem Universum hinzugeben.« Ich erzählte von der Wohnungsanzeige und von meinem heutigen Morgen, und es tat unglaublich gut, dass Ari nur zuhörte und nickte. Er schien mich einfach zu verstehen.

Nach einer Weile sagte er: »Es ist alles noch ganz schön frisch. Das braucht Zeit. Haben Sie Geduld mit sich, Marie. Nicht immer reagieren wir anfangs gelassen oder verständig.«

Ich ahnte, dass er gerade nicht nur von mir, sondern auch von sich selbst sprach. Vielleicht würde er mir im Laufe meiner Woche hier noch mehr von seiner Frau erzählen.

Nach einer Weile fragte ich: »Wird es irgendwann besser?«

Ari rückte seine Sonnenbrille zurecht und nickte ernst. »Ja«, sagte er schlicht.

»Heißt das, die Zeit heilt wirklich alle Wunden?«

Er schnaubte. »Nein, die Zeit heilt nicht alle Wunden. Selbstverständlich ist das nur ein blöder Spruch.«

Er klang unwirsch, aber ich reagierte nicht auf den kleinen Ausbruch, sondern wartete einfach ab, bis er weitersprach. Die Bäume warfen fleckige Schatten auf unseren Pfad, ein Muster, das ich zu anderen Zeiten vielleicht fotografiert hätte.

»Daran, wie ich am Todestag meiner Frau reagiert habe, indem ich Sie einfach angeschrien habe, sehen Sie sehr gut, dass nicht einfach nur Zeit vergehen muss. Schließlich war es schon ein Jahr her. Hier ...« Ächzend bückte sich Ari nach einem Stein am Wegesrand. Er war flach und abgerundet, dunkel, beinahe schwarz und fast so groß wie mein Handteller. Ari legte den Stein vor uns auf den sandigen Pfad.

»Wenn das Schlimmste passiert, was wir uns vorstellen können ...«, er räusperte sich kurz, und ich spürte den Druck in meiner Brust, die Traurigkeit, die sich auf mein Herz legte. Armer Ari. Wenn ich mich nach sieben Jahren mit Tim verzweifelt darüber fühlte, jetzt allein zu sein, wie musste es ihm nur gehen, nach einigen glücklichen Jahrzehnten mit seiner Frau?

»Wenn das Schlimmste passiert«, er deutete auf den schwarzen Stein, »dann geht das nicht einfach mit der Zeit weg.« Ari pochte mit der Spitze seines Gehstocks auf den Stein. Ein, zwei dumpfe Schläge, durch die rein gar nichts geschah. »Es ist aber so, dass wir lernen, damit zu leben.«

Jetzt zog er mit dem Stock einen engen Kreis um den Stein in den sandigen Pfad. »Wir lernen, dass es einen neuen Alltag gibt.« Er malte einen weiteren Kreis um den kleinen Kreis. »Neue Erlebnisse. Neue Erkenntnisse.«

Immer mehr Kreise zeichnete Ari, bis es aussah, als hätte der Stein Jahresringe wie ein Baumstamm. »Natürlich gibt es auch Lachen und Feiern und Genießen. Banale Tage. Schöne Tage. Normalität!« Bei diesem letzten Wort breitete Ari beide Arme aus. Dann klopfte er mit seinem Stock noch einmal auf den Stein. »All das macht nicht, dass die Trauer verschwindet. Wir müssen sie nicht loswerden.« Ari hob den Stein auf und reichte ihn mir. »Wir dürfen sie mitnehmen.«

Ich schluckte. Warm und schwer lag der Stein auf meiner Handfläche. Nach einem kurzen Moment blickte ich zu Ari auf. »Manchmal ... Manchmal will ich einfach, dass es nicht passiert ist. Oder ich will sie loswerden, die Trauer. Weglegen, so wie ich diesen Stein weglegen könnte.« Ich tat aber nichts dergleichen, sondern sah Ari nur an. Der schüttelte den Kopf.

»Es tut mir leid, Marie«, sagte er leise. »Wir alle bekommen Steine vom Leben überreicht. Das ist so. Es ist weder gut noch schlecht, es passiert einfach. Jedem.«

Der Druck auf meinem Herzen wurde größer. Meine Augen füllten sich mit Tränen.

»Aber wenn Sie diesen Stein zu Ihrem Stein machen, in die Tasche stecken und mit sich tragen, dann fühlt es sich meistens leichter an. Wir gewöhnen uns daran. Wir lernen, damit zurechtzukommen, damit gut umzugehen. Der Stein wird ein Teil Ihrer Geschichte. Ein Teil von Ihnen, Marie.«

Ich blinzelte durch den Tränenschleier.

»Bedeutet das, dass ich immer ein bisschen traurig sein werde?«

Ari ließ ein, zwei Atemzüge verstreichen, bevor er antwortete. »Meiner Meinung nach be-

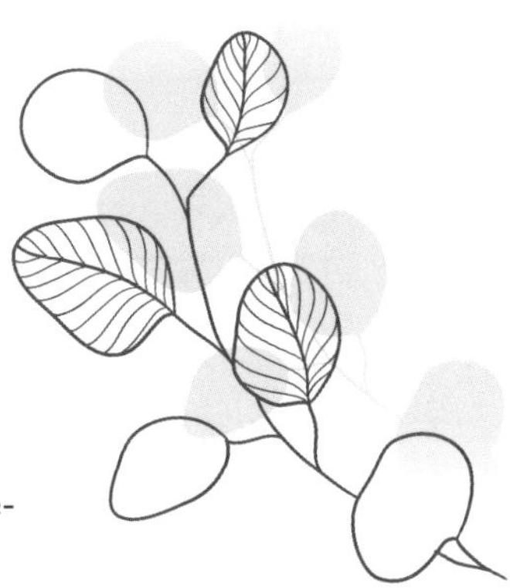

deutet es das nicht, nein. Es bedeutet, dass Sie etwas kennengelernt haben, das Sie vorher nicht kannten. Und selbst wenn dieses Etwas ein Schmerz ist – dieses Wissen können Sie niemals verlernen, niemals mehr in Nicht-Wissen umwandeln. Meiner Meinung nach bedeutet es nicht, dass Sie traurig sein werden, sondern dass Sie ein Stückchen weiser sein werden.«

Ein Stückchen weiser. Für einen Moment schloss ich die Augen. Natürlich. Weisheit kam von Wissen. Wissen, wie etwas war. Das Gute und das Schlechte. Das Alte und das Neue. Ich öffnete die Augen und blickte auf die Pinienzweige über mir, die sich im leichten Wind wiegten. Wenn ich so alt und weise werden wollte wie Ari, der weise Aristoteles, der neben mir seine Sonnenbrille zurechtrückte und geduldig auf mich wartete, dann würde ich noch viele Steine mit mir tragen. Es ist weder gut noch schlecht, es passiert einfach jedem.

Sanft ließ ich den Stein in meine Hosentasche gleiten.

Wortlos reichte mir Ari ein Taschentuch, das er offenbar bei sich getragen und irgendwo hergezaubert hatte. Es war aus weißem Baumwollstoff, sorgfältig gebügelt und gefaltet. »Danke.« Ich wischte mir damit die Augen, gab es ihm ungelenk wieder zurück.

»Gehen wir noch ein Stück.« Ari sagte es nicht als Frage. Einvernehmlich liefen wir los und ließen die Kreise auf dem Pfad hinter uns. Vorsichtig betastete ich den Stein in meiner Tasche mit den Fingern. Glatt war er, warm von der Mittagssonne, schwer. Ich schloss meine Hand um ihn. Das war er also, mein Stein. Eine friedliche Ruhe legte sich auf mich. Nach einer Weile lichtete sich der Wald, und bei jedem Schritt spürte ich das leichte Ziehen, das Gewicht des Steins in meiner Tasche. Ari und ich sprachen den Rest des Weges nur noch wenig. Wir verstanden uns auch so.

Kein Zugang zum Paradies

Kim hatte für heute nach der Yogastunde einen kleinen Ausflug angeboten. Wer Lust dazu hatte, konnte mit ihr in ihrem gelben Kombi zu einer winzigen Bucht fahren, um dort am Strand gemeinsam zu meditieren. Die Bucht lag ein paar Kilometer von unserem Dorf entfernt. Und obwohl sie auf dem Bild, das Kim uns gezeigt hatte, wie auf einer Postkarte aussah – feiner, weißer Sandstrand, türkisfarbenes Meer –, war sie anscheinend wenig besucht und offenbar immer noch ein Geheimtipp. Kim hatte sie selbst vor einigen Jahren per Zufall entdeckt, und bis jetzt verirrten sich nur im Hochsommer größere Touristengruppen dorthin. Ich freute mich heute darauf, diesen Ausflug zu unternehmen.

Kim war einen Kopf kleiner als ich und strömte eine bodenständige, pragmatische, fröhliche Energie aus. Kein Wunder, dass sie zielsicher Reisen planen und organisieren konnte, dass sie bei Wohnungssuchen praktisch veranlagt und hilfreich war. Dass ausgerechnet sie das Meditieren liebte und als Meditationslehrerin arbeitete, überraschte mich allerdings. Früher hatte ich immer gedacht, dass solche Menschen irgendwie feengleich sein müssten. Leicht entrückt vom Alltag, durch nichts aus der Ruhe zu bringen, eine feingliedrige Erscheinung. Aber Kim war geschäftig, sachlich und stapfte in festen Turnschuhen voraus zu ihrem Kombi. Zu fünft folgten wir ihr: Lisa aus London, die blonde Sanna aus Stockholm, Annika aus Hamburg, die ebenso groß war wie Kim, John und ich. Eine Viertelstunde fuhren wir auf schmalen Küstenstraßen entlang, bis Kim in einen Aussichtsparkplatz bog. »Von hier sind es noch ein paar Meter«, erklärte sie. »Ich zeige euch den Weg.«

Lisa lächelte strahlend, als sie vor mir aus dem Auto stieg, und das war regelrecht ansteckend. Die Sonne schien hell und von hier konnte man weit über das tiefblaue Meer sehen. Ein kräftiger Wind pfiff hier oben, aber dank der Sonne wurde uns nicht kalt. Der Himmel war so klar, dass man die Küstenlinie der nächsten Insel genau sehen konnte. Sanna schoss bereits ein paar Bilder mit ihrem Handy. Instinktiv schloss ich meine Hand um meins in meiner Tasche, zog es dann aber doch nicht hervor. Irgendetwas hielt mich immer noch davon ab, Fotos zu machen. Ich würde versuchen, mir diesen Anblick zu merken und in meinem Gedächtnis abzuspeichern.

»Ich war letztes Jahr bei diesem Ausflug schon einmal dabei«, sagte John zu Sanna. »Warte nur, bis du unten in der Bucht bist. Dort sieht es noch fantastischer aus.«

Immer wieder schirmten wir mit den

Händen unsere Augen ab, blickten übers Meer, hielten auf unserem Weg inne und ließen diese Schönheit auf uns wirken. Kim wartete verständnisvoll und grinste verschmitzt. Ihr Geheimtipp war jetzt schon ein Volltreffer, und ich war froh, dass ich diesem Ausflug zugestimmt hatte.

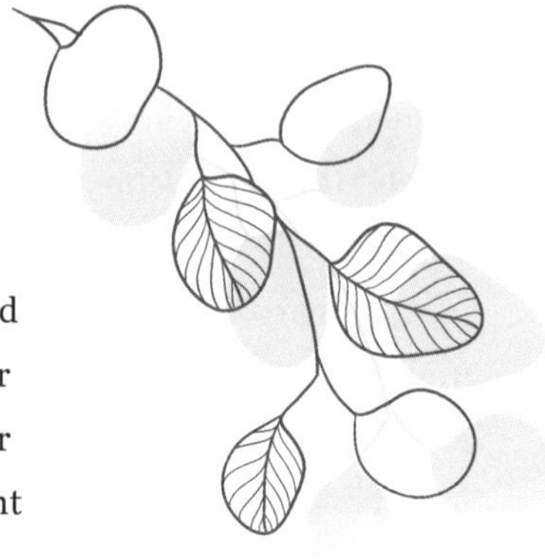

Doch als wir am Rand der Klippe angekommen waren, blieb Kim bei einem Holzgitter stehen. »Oh nein!«, sagte sie und stemmte die Hände in die Hüften, während sie das Schild an dem Gitter las. Nur John und sie konnten die Schrift entziffern, Lisa, Sanna, Annika und ich sahen die beiden fragend an.

»Die Treppe, die hinunter zur Bucht führt, ist abgesperrt«, sagte John.

Vorsichtig lehnte sich Kim über die Absperrung, um besser sehen zu können. »Die ist wirklich ganz schön kaputt. Zwei Stufen sind sogar komplett weg. Da haben wohl die salzige Meeresluft und die Witterung ganze Arbeit geleistet. Es wäre zu gefährlich, es trotzdem zu versuchen. Es hat schon seinen Grund, warum die Verwaltung die Treppe dichtgemacht hat. Vielleicht reparieren sie sie etwas später in der Saison.«

Ich schob mich einen Schritt näher an das Holzgatter heran, folgte mit dem Blick den vielen Stufen der morschen Treppe. Unten konnte ich die winzige Bucht sehen: einen kleinen, unberührten Sandstrand, umrahmt von Felswänden. Wie in einem Film wirkte diese Szenerie. Es wäre herrlich gewesen, heute dort zu sitzen, die Meeresluft zu atmen und in dieser Zurückgezogenheit und paradiesischen Stille mit den anderen zu meditieren. Ich seufzte. Unsere Vorfreude war zusammengeschrumpft, als hätte jemand Luft aus einem Ballon gelassen.

»Was ist mit der nächsten Bucht?«, fragte John an Kim gewandt. »Wollen wir dorthin fahren oder vielleicht sogar von dort aus versuchen, zu dieser Bucht hier zu gelangen?«

Kim schüttelte den Kopf. »Der nächste Strand ist ziemlich touristisch ausgerichtet, mit vielen Liegen, für die man bezahlen muss. Und von dort aus könnte man hierher nur schwimmen. Selbst wenn ihr Badesachen dabeihabt, wüsste ich nicht, ob das überhaupt machbar ist.«

Lisa machte ein wenig begeistertes Gesicht, und wahrscheinlich konnte man mir meine Enttäuschung darüber auch gerade ansehen.

»Hier oben oder am Parkplatz lässt es sich schlecht meditieren, oder?«, fragte Sanna.

»Möchtet ihr das denn gern?«, fragte Kim. Der Wind pfiff um unsere Ohren. Betreten sahen wir einander an. Für einen Moment sagte niemand etwas.

Kim lachte. »Na, dann mache ich euch einen anderen Vorschlag. Wir lassen das kleine Paradies für heute unberührt und fahren zum Hafen in Nikiana, im Nachbarort unseres Dorfes, wo ich mit euch sowieso diesen Ausflug hätte ausklingen lassen. Wir trinken dort einen Kaffee und für ein andermal frage ich im Dorf, ob uns jemand mit dem Boot zur Bucht bringen könnte. Wie klingt das?«

»Das klingt gut«, antwortete John lächelnd, und wir anderen nickten zufrieden. Während Kim und John, Lisa und Sanna schon lostrotteten, blickten Annika und ich noch einmal auf die

Bucht hinab. So ganz konnte ich das Gefühl nicht abschütteln, dass ich hier wie an einer Schaufensterscheibe stand und nicht an das herankam, was ich mir sehnlich wünschte.

Als wir an der Hafenpromenade eintrafen, war dort bereits einiges los. Hier reihten sich Cafés an Restaurants, bunte Läden an touristische Souvenirshops. Viele Menschen saßen an den Tischen draußen in der Mittagssonne, tranken bunte Drinks mit Eiswürfeln, beobachteten das Treiben im Hafen. Kleinere Ausflugsboote tummelten sich im Wasser, Segelboote und andere Schiffe, die eine größere Gesellschaft um die Inseln schippern konnten. Wir fanden einen Tisch mit genügend Plätzen ganz vorne, bei einem Café, das eine Muschel als Wahrzeichen trug.

»Es ist nicht ganz so ruhig wie die geheime Bucht«, scherzte Kim. »Dafür ein bisschen touristischer.«

Lisa setzte sich auf einen der blauen Bistrostühle und winkte ab. »Ach, wir machen es uns hier auch schön. Zu Hause ist es manchmal so still und ich arbeite nonstop. Das hier«, sie blinzelte gegen die Sonne und blickte auf die Promenade, wo gerade eine Familie mit zwei kleinen Kindern vorbeiging, »das hier ist eine willkommene Abwechslung.«

Lisa erzählte uns in aller Kürze, dass sie sich seit einer Trennung vor einem Jahr in die Arbeit gestürzt hatte und ihr das zwar eine Beförderung einbrachte, ihr aber auch keine Zeit ließ, einmal durchzuatmen. Dazu war diese Auszeit hier auf Lefkada endlich da. Kim nickte, genau für so etwas hatte sie ja diese Reise konzipiert. Dann begann auch Sanna zu erzählen, die daheim zwei Kleinkinder hatte und für ein paar Tage zu sich kommen musste. Danach erklärte Annika, dass sie sich in ihrem Alltag um ihre kranke Schwester kümmerte und dabei keine Zeit für sich selbst fand. Während ich schließlich auch kurz berichtete, warum Kims Auszeit meine Rettung für diese Tage bedeutete und dass ich nach einer siebenjährigen Beziehung nicht dabei sein wollte, wenn mein Ex-Freund auszog, versuchte ich, meine Überraschung zu verbergen. Wieso hatte ich die ganze Zeit gedacht, nur ich hätte mit einer schwierigen Situation zu kämpfen? Vor lauter Gedankenschleifen um Tim und unsere Trennung hatte ich mich furchtbar allein gefühlt und völlig ausgeblendet, dass ich nicht die Einzige mit einem gebrochenen Herzen war. Mir das hier in Erinnerung zu rufen, hatte einen beruhigenden Effekt. Das nächste Mal, wenn ich nachts schlaflos im Bett liegen würde, würde ich mich hoffentlich daran erinnern, dass es Menschen gab, die Ähnliches durchmachten wie ich, und Menschen wie Kim und John, die mitfühlten und eine wohltuende Ruhe ausstrahlten.

Kim beendete unsere ganz eigene kleine Vorstellungsrunde: »Dann lasst uns mal aussuchen, was wir trinken wollen, und auf diese Zeit in Lefkada anstoßen. Also, ich nehme zwar einen koffeinfreien Eiskaffee, aber anstoßen können wir ja trotzdem!«

Wir lachten. Das Treiben am Hafen und Kims Unbekümmertheit taten tatsächlich gut. Gemeinsam mit Annika studierte ich die Karte.

»Was ist denn ein griechischer Kaffee?«, fragte ich.

»Das ist wie ein Mokka«, antwortete Sanna. Keine Ahnung, was das genau war. Aber wenn ich nun schon in Griechenland war, bestellte ich eben einen griechischen Kaffee.

Als unsere Kaffees, Colas und Eistees gebracht wurden, senkte sich eine wohlige Stille um den Tisch. Dass um uns herum alles weiterhin laut und geschäftig war, schien uns nur noch mehr zusammenzuschweißen.

Der griechische Kaffee war eine dickflüssige, schaumige, haselnussbraune Masse. Ich tauchte meinen Löffel ein, rührte um, nahm einen Schluck. Das Getränk war viel zu süß, viel zu cremig und massig, gar nicht wie das, was ich als Kaffee in unserer Münchner Wohnung mit Tim geliebt hatte. Ich stockte – unsere Wohnung, so konnte ich sie jetzt wohl nicht mehr nennen. Unwillkürlich schweiften meine Gedanken sofort wieder zu einer alten, bekannten Zeit. Dahin, wie Tim mit Sorgfalt die besonderen Bohnen aussuchte. Wie er auf den richtigen Mahlgrad, die richtige Crema achtete. Wie wir beide uns durch verschiedene Milch- und Milchersatz-Sorten probierten, um schließlich dabei zu landen, dass uns Kaffee schwarz am besten schmeckte. Aber vielleicht, ich runzelte die Stirn, vielleicht mochte Tim jetzt seinen Kaffee ganz anders. Seit dem Abend, an dem er mir offenbart hatte, dass er ausziehen wollte, hatte ich das starke Gefühl, diesen Mann kaum noch zu kennen. Und ich? Was mochte ich eigentlich jetzt? So wie es früher gewesen war, war es doch perfekt gewesen? Wollte ich überhaupt je irgendetwas anderes als Münchner Kaffee? Ich nahm noch einen Schluck, stellte dann die Tasse zurück.

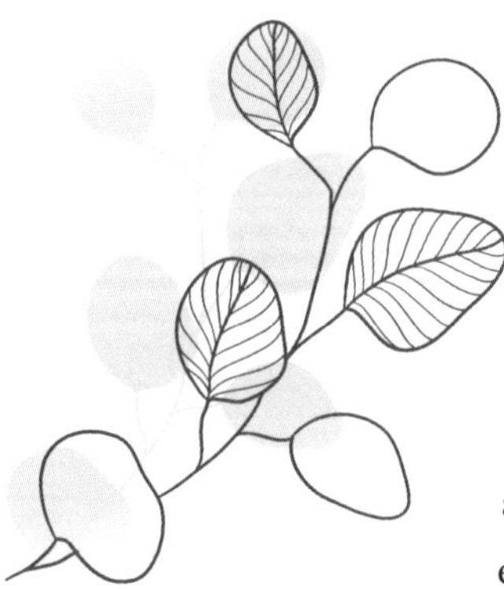

»Na ja, eine Erkenntnis des Tages haben wir jetzt«, begann Kim und sah in die Runde.
Ich fiel ihr ins Wort: »Ja! Dass ich griechischen Kaffee überhaupt nicht mag.« Ich verzog das Gesicht und alle lachten. Ich auch. Eigentlich wunderbar. Hätte ich mich so leicht und in der Gruppe angekommen gefühlt, wenn wir einzeln am Strand jeweils in die eigene Meditation versunken gewesen wären?
Ich seufzte und lehnte mich in meinem Stuhl zurück. In Deutschland würde ich mich noch durch einige Kaffeesorten trinken müssen, auf der Suche nach meiner ganz eigenen Art.
»Ich kann den Tee empfehlen«, sagte John scherzhaft.
Ich lächelte ihm zu und dachte sofort an Ari. Ari und seine vielen Tees, hergestellt aus den Kräutern der Umgebung. Bestimmt wüsste Ari eine gute Mischung für einen erfrischenden Eistee an einem solchen Tag. Ich sollte offener für alles sein, was da noch möglich war. Und genau das sagte ich dann auch: »Ich sollte wohl offener sein für alles, was so kommt.«
John erwiderte meinen Blick, nickte leicht. Für den Bruchteil einer Sekunde schien es, als wüsste er genau, dass ich nicht nur von Kaffee sprach. Verrückt, was die Weite des Meeres, der salzige Duft und ein misslungener Ausflug so alles bewirkten.
»Was ich eigentlich sagen wollte«, fuhr Kim nun fort, »die Erkenntnis des Tages ist vielleicht, dass wir keinen perfekten Strand brauchen.« Mit dem Kopf nickte sie in Richtung Kaimauer. »Ich habe da eine Idee! Kommt mal mit.«
Wir ließen unsere Getränke stehen und folgten Kim zur Kaimauer. Demonstrativ ließ sie sich auf dem Stein im Schneidersitz nieder und war-

tete, bis wir es ihr alle gleichgetan hatten, aufgereiht wie Perlen auf einer Kette. Um uns herum war es laut und geschäftig, der ganze Hafen voller Touristen. Viele davon sahen uns neugierig zu, was wir da veranstalteten, gingen dann aber weiter ihres Weges.

Kim wartete, bis wir alle ruhig saßen. Dann sagte sie: »Das Leben ist nun mal nicht perfekt. Und trotzdem müssen wir immer wieder zu uns selbst finden. Das ist im Alltag gar nicht so einfach. Deswegen ist das hier, mitten im Trubel, eine noch viel bessere Übung als am geheimen Strand. Wir werden meditieren, und wenn wir dabei den Taxifahrer hupen hören oder das Wasser beim Anlegen eines Schiffes lautstark platscht, dann nehmen wir das einfach nur wahr. Wir bewerten diese Geräusche, Gerüche und Eindrücke nicht und lassen sie ziehen. So wie wir in unserer Meditation auch sonst unsere Gedanken ziehen lassen. Wir fragen uns nicht, was die anderen Touristen wohl von uns denken, wenn wir hier so sitzen, und wir steigen auch nicht auf unsere Gedanken ein, ob wir selbst vielleicht seltsam sind. Wenn wir uns gestört fühlen von dem Hundegebell, dann beobachten wir nur mit Neugier, dass wir uns gestört fühlen. Wenn wir uns ablenken lassen, verurteilen wir uns nicht dafür, und kehren wieder zu der Konzentration auf unseren Atem zurück.«

Ich sah mich um. Die Besucher des Muschelcafés blickten unverhohlen zu uns herüber. Der Kellner stand neben unserem verlassenen Tisch und war sich wohl unsicher, ob er die halb ausgetrunkenen Gläser nun abräumen sollte. Zur anderen Seite lag der Hafen voller Schiffe, die das ruhige Blau des Meeres unterbrachen wie dicke, weiße Möwen. Ich hatte noch nie in einer solch geschäftigen Umgebung versucht, zur Ruhe zu kommen.

Kim zog ihr Handy hervor und sprach weiter: »Am Anfang werdet ihr einen Gong hören. Während der Meditation kann es sein, dass ich euch immer mal wieder etwas Führung gebe, indem ich einen Satz sage. Wenn die Zeit um ist, hört ihr noch einmal den Gong. Ich habe da so eine praktische App.«

Kim zeigte verschmitzt auf das Display, das eine große Fünfzehn zeigte, und ich versuchte, eine bequeme Haltung im Schneidersitz zu finden. Anfangs war es gar nicht so einfach. Der glatte Stein der Kaimauer unter mir war zwar von der Sonne gewärmt, aber furchtbar hart an meinem rechten Knöchel. Ein Schiff mit einer Ausflugsgesellschaft hupte anhaltend zum Gruß, während es aus dem Hafen fuhr. Außerdem hörte ich, wie neben mir John tief ausatmete, fast schon ein Schnaufen. Irgendwie war das alles irritierend. Und wahrscheinlich sahen die Gäste von den anderen Tischen immer noch her, was mir nun doch unangenehm war. Aber Kims Stimme erinnerte mich wieder daran, es einfach geschehen zu lassen. Nach einer Weile fühlte ich etwas aus meinem Bauch in meine Brust aufsteigen, was sich warm und leicht anfühlte. Und trotzdem nichts mit der Sonne zu tun hatte, die über uns leuchtete, unsere Arme und Knie und Rücken wärmte. Mich erfüllte eine leise Dankbarkeit. Dankbar, hier an einem sonnigen Tag auf einer griechischen Insel zu sein, unter welchen Umständen auch immer. Dankbar, dass ich das Meer riechen konnte, salzig und nach frischem Fisch duftend. Dankbar, dass ich hier mit anderen Menschen Zeit verbringen konnte, die mich verstanden, weil sie selbst schwierige Zeiten durchmachten. Dankbar, dass ich hier meditieren durfte, wie ich es eben konnte, ohne Erwartungen und Druck mir selbst gegenüber. Wie leicht sich das anfühlte. Wie befreiend. Ich musste nicht perfekt sein, genauso wie unsere Umgebung hier nicht perfekt war. Meine Gedanken wanderten noch einmal zu der Wohnung in Deutschland, die nicht mehr »unsere«, sondern nur noch »meine« war. Noch eine Umgebung, die nicht perfekt war. Mein Alltag dort würde auch ganz anders ablaufen als die Tage hier in meiner Auszeit. Ich würde mit allem Neuen zurechtkommen müssen, würde mich neu einrichten müssen, würde gleichzeitig meine neue Bleibe suchen müssen. Würde auch irgendwie die neue Marie finden müssen. Die Marie ohne Tim. Die Marie, die jetzt allein war. Was wollte diese Marie? Was für Träume hatte sie, wenn der Traum von einem Leben mit Tim nicht mehr zur Verfügung stand?

Und plötzlich spürte ich durch den Lärm des Hafens, durch den Lärm meiner eigenen Gedanken hindurch die Weite des Meeres, die Weite des Himmels über mir. Diese neue Marie hatte zwar so viel verloren, aber sie hatte auch so viele Möglichkeiten. Wieso hatte ich nur an Kaffee und Kisten, Stadtteile und Zimmergrößen gedacht, wenn es doch so viel mehr gab? Im Grunde stand mir in Deutschland alles offen. Ich konnte mich wirklich auf Entdeckungsreise machen, was ich mochte und liebte, wie ich mein Leben leben wollte. Ohne Tim fühlte ich mich einsam, doch hier, mit der Weite des Horizonts, konnte ich zum ersten Mal etwas spüren, was sich neben die Einsamkeit schlich. War das vielleicht sogar so etwas wie Vorfreude?

Kim erinnerte uns noch einmal daran, immer wieder zu unserem Atem zurückzukehren. Meine Brust hob und senkte sich, ich spürte, wie die salzige Meeresluft am Hafen meine Lungen füllte, meine Lungen wieder verließ, wieder füllte, wieder verließ. Die Wellen, die das Ausflugsschiff bei seiner Abfahrt aufgewirbelt hatte, schlugen nun an die Kaimauer. Das Platschen erinnerte mich daran, wie ich vor drei Tagen in den Wellen stand, daran, was Ari über Hingabe sagte. Denn genau das taten wir bei diesem Ausflug heute: Wir akzeptierten, dass die Treppe gesperrt war, und trauerten dem perfekten Strand nicht lange nach. Wir blieben nicht untätig, unternahmen etwas ganz anderes, tranken am Hafen Kaffee. Was wiederum dazu führte, dass wir hier eine Meditationsübung machten, die ich absolut liebte. Hingabe bedeutete nicht, dass wir nichts taten. Wir gingen mit der Welle. Das war das Geheimnis. Als der Gong die Meditation beendete, trug ich ein Lächeln auf den Lippen und fühlte mich mit etwas angefüllt, das ich noch nicht benennen konnte.

Tränen am Strand

Am Abend kam ein kühler Wind auf. Trotzdem hatten sich alle aus der Gruppe für die abendliche Yin-Yoga-Stunde draußen versammelt. Der Yogaraum stand uns jederzeit zur Verfügung, falls es am Meer zu kalt oder in der Sonne zu heiß sein sollte. Aber wir beschlossen, den Tag in der Natur ausklingen zu lassen. John, der einen grauen Trainingsanzug mit Kapuzenjacke trug, verteilte Decken, die neben Matten, Blöcken und Gurten im Yogaraum gelagert waren.

»Nehmt euch zwei, falls eine nicht reicht. Ihr solltet auf keinen Fall auskühlen. Wir werden eine ganze Weile in einigen Posen verweilen und bewegen uns nicht viel.«

Ich sah aufs Meer hinaus. Es wirkte dunkelgrün und grau, vielleicht würde es später ein Unwetter geben.

Der Wind pustete mir durch die Haare, und ich bekam eine Gänsehaut, obwohl auch ich mich warm angezogen hatte.

»Ich nehme zwei«, sagte ich, als John mir den Stapel Decken in seinen Armen hinstreckte.

»Danke.«

Er lächelte mir zu. Seine Augen schienen ebenso grün und grau wie das Meer. Und trotzdem verströmte alles an ihm eine freundliche Wärme. So als ob man sich vertrauensvoll in eine Umarmung mit dieser warmen, grauen Kapuzenjacke sinken lassen könnte. Schnell wandte ich den Kopf und suchte einen passenden Platz neben den anderen, sodass meine Matte etwas windgeschützt lag. Bisher war ich immer nur dankbar gewesen, dass unser Yogalehrer freundlich und zurückhaltend war. Dass hier kein Druck herrschte, eine Pose perfekt auszuführen, sondern unser Wohlbefinden im Vordergrund stand. Dass ich mich in der Yogastunde immer willkommen fühlte, auch wenn mein Kopf mit anderen Dingen voll war. Offenbar war ich erst jetzt so aufmerksam, dass mir die Augenfarbe eines fremden Menschen auffiel.

Obwohl wir mit der Berghaltung begannen, aufrecht mit beiden Beinen fest und sicher auf dem Boden stehend, und obwohl John mit besänftigender Stimme die Anleitungen und die Gedankenimpulse dazu sprach, waren meine Gedanken so unruhig wie der Wind, der vereinzelte Sandkörner durch die Luft wirbelte.

Wann war mir das letzte Mal die Augenfarbe eines Mannes aufgefallen? Als ich Tim kennengelernt hatte, vor sieben Jahren? Tim. Wie sehr wir nur Augen füreinander gehabt hatten. In einem überfüllten Biergarten setzten er und sein Freund sich damals zu Julia und mir, weil sonst nirgendwo ein Platz frei war. Ich sprach mit einer solchen Begeisterung über eine Ausstellung im Haus der Kunst, dass Tim irgendwann ganz unverhohlen zuhörte und immer mehr Interesse an mir zeigte. Schließlich kamen wir ins Gespräch. Es war so leicht, so unbeschwert. Ein Sommerabend in der Stadt. Ein Versprechen, ihm diese Ausstellung zu zeigen. Ein nächstes Treffen. Wann war ich das letzte Mal in meinem Leben so begeistert gewesen, so voller Leben?

Wie automatisch führte ich die Armbewegungen aus, die John vormachte, aber mit meinen Gedanken war ich ganz woanders. Was war mir eigentlich zuerst verloren gegangen mit den Jahren, meine Begeisterung oder Tims Liebe?

Ich wischte mir die Haare aus dem Gesicht, die der Wind immer wieder durcheinanderwirbelte. Die Wolken, die am Himmel vorbeirasten, waren grau und regenschwer. Wir setzten uns in den Schneidersitz und dehnten uns sanft in verschiedene Richtungen.

Hier zu sitzen und dem Wind zu trotzen, wie ein Fels, der aus wildem Wasser ragt, fühlte sich ganz seltsam an. Denn innerlich fühlte ich mich überhaupt nicht stark. Ich spürte deutlich, wie sich mehr und mehr ein Kloß in meinem Hals bildete, während ich an Tim und unsere ersten Jahre dachte.

Keine Zurückhaltung damals, keine Bedenken. Eine Sommerleichtigkeit, die sich durch alles zog: Gemeinsames Lachen, minutenlange Blicke, nicht enden wollende Küsse. Sein Duft auf meinem Kopfkissen. Geflüsterte Träume und Hoffnungen in der Nacht, gemeinsames Zeitunglesen am Sonntagmorgen. War das echt gewesen? Oder nur eine Wunschvorstellung? Wann war die Schwere in mein Leben

gekrochen, wann Tims Zweifel in seins? Ich hätte nicht sagen können, wann wir aufhörten, einander unsere Lebensträume zu erzählen. Wann wir aufhörten, in Küssen zu versinken. Wann wir, längst in der gemeinsamen Wohnung, morgens nur einen kurzen Schmatzer austauschten, der nach Kaffee und Zahnpasta schmeckte, und jeder schnell in seinen Arbeitstag eilte. Tim hatte als Controller in der großen Firma einen stressigen Job, in dem er Nerven aus Stahl bewahren musste. Ich arbeitete nach meinem Grafikstudium fachfremd in einer Redaktion als Fotografie-Assistentin, irgendwann leitete ich selbst Produktionen und schließlich nahm ich als freie Fotografin jeden Auftrag an, den ich nur bekommen konnte. Während Tim an den Wochenenden ausspannen und Sport machen wollte, war ich auf Hochzeiten und Taufen unterwegs. In Zeiten, in denen ich für Agenturen Fotostrecken schoss und dann in der Bildbearbeitung versank, hatte ich kaum Platz für Zärtlichkeiten. Genauso wenig wie er, der wichtige Analysen zu engen Deadlines abliefern musste. Von einem Zauber, von einer Sommerleichtigkeit war dann nichts mehr zu spüren. Gemeinsam eine Ausstellung besucht hatten wir seit Ewigkeiten nicht mehr. Aber hieß das, ich hätte etwas anders machen können?
Ich schluckte und schluckte, aber der Kloß in meinem Hals wurde nur größer. Das Abendlicht war nun einem dunklen Blau-Grau gewichen und ich war froh, dass John uns anwies, die Position zu wechseln. In der Haltung des Kindes, kniend nach vorn gebeugt und die Arme vorn abgelegt, sollten wir die Decken über uns legen und eine Weile so verharren.
Als mir vor einigen Monaten klar geworden war, dass Tim und ich schon eine ganze Weile aneinander vorbeilebten, hatte ich versucht, mit ihm wieder etwas zu finden, was uns verbinden würde. Was uns erinnern

würde. Denn ich dachte, wir seien schließlich noch die gleichen Menschen wie damals im Biergarten – oder waren wir das längst nicht mehr? Doch meine Versuche, Ausflüge zu planen, lehnte er ab. Kinoabende endeten im Zoff. Und beim Frühstück im Bett spürte ich, dass da eine Gleichgültigkeit von Tim ausströmte, die schlimmer war als jedes negative Gefühl. Nur wahrhaben wollte ich das nicht so recht. Schließlich waren wir Tim und Marie, Marie und Tim.

Erst jetzt, geschützt vor dem Wind, in einer Pose, in der meine Arme mich vor den Blicken anderer abschirmten, fragte ich mich, ob das überhaupt etwas Wahres gewesen war, dieses Paar mit seiner gemeinsamen Geschichte. Oder nur eine Wunschvorstellung von mir.

Tränen schossen mir in die Augen, liefen mir über die Wangen. Ich wischte sie nicht weg. Leise weinte ich und ließ dabei den Wind über meinen Rücken hinwegpusten.

Eines Abends war Tim spät aus dem Büro nach Hause gekommen und eröffnete mir, kraftlos auf dem Sofa sitzend, dass er nicht so weitermachen wollte. Dass er sich in eine Kollegin verliebt hatte. Dass das aber nur bezeichnend dafür sei, dass es zwischen uns nicht mehr funktionierte.

Auch wenn ich längst gespürt hatte, dass schon länger etwas nicht in Ordnung gewesen war, war ich an diesem Abend völlig geschockt. Verletzt. Verwirrt. Später hätte ich so gern etwas getan oder gesagt, was seine Meinung geändert hätte. Aber da war nichts zu machen. Sachlich suchte er sich eine neue, eigene Bleibe, vorerst allein, ohne die Kollegin. Sachlich änderten wir den Mietvertrag, lösten das dritte, gemeinsame Konto auf.

An manchen Tagen fühlte ich mich wie in einem zähflüssigen Nebel. An anderen, als hätte ich eine Handvoll Nägel verschluckt. Mehr als einmal

saß ich bei Julia abends weinend auf dem Sofa und blieb dann auch über Nacht, um nicht in die Wohnung zurückzukehren, in der ich vor allem den Abstand zwischen Tim und mir spürte. In der er, solange er noch keine neue Wohnung hatte, in unserem gemeinsamen Bett ganz außen am Rand lag, sodass wir uns nie versehentlich berühren konnten. Wann war der Mensch, der mir einmal so viel bedeutet hatte, zu einem Fremden geworden?
Hier am Strand liefen mir die Tränen über die Wangen, ich schniefte leise. John ging durch die Reihen und drückte jedem Teilnehmer und jeder Teilnehmerin entweder sanft auf die Schultern oder vorsichtig auf den unteren Rücken, um die Dehnung wohltuend zu verstärken. Als er schließlich bei mir ankam, hielt ich den Atem an. Ich wollte nicht, dass jemand mich weinen hörte. Doch als ich durch die Decke die starken Hände spürte, die mich noch ein Stück näher in Richtung Erde schoben, als ich die Hüftöffnung noch stärker wahrnahm, weinte ich noch mehr. Ich atmete zitternd und ließ die Tränen mit geschlossenen Augen einfach kommen. Falls John oder jemand anders es bemerkte, vielleicht Annika oder Lisa, wahrten sie den nötigen Respekt und sagten nichts. Ich blieb in der Haltung und akzeptierte, dass eine neue Welle der Tränen kam. Nach einer Weile ließen die Hände mich los. Wahrscheinlich ging er weiter, um jemand anderem zu helfen. Ich ließ alles geschehen.

Eine Weile später bat er uns alle, in die Schlusshaltung überzugehen, eine ruhige Rückenlage, in der man Arme und Beine lange von sich streckte. Wir richteten uns mit unseren Decken ein, lauschten dem Meeresrauschen und Johns Stimme. Der Wind pfiff noch immer und machte, dass ich meine Tränen kühl auf den Wangen spürte. Der Himmel war nun eine einzige dunkelgraue Wolkendecke. Mein Atem ging nun nicht mehr zitternd, sondern beruhigte sich langsam. Anstatt wohlig müde, wie ich mich sonst nach so einer Stunde fühlte, war ich heute verzweifelt, leer und kraftlos. Nach und nach beendeten die anderen die letzte Pose und standen auf, packten ihre Sachen zusammen und trotteten zurück in ihre Wohnungen. Ich blieb liegen und hing meinen Gedanken nach. Immer wieder drehten sich die Fragen als Schleifen in meinem Kopf: »An welcher Stelle hatte ich Tim verloren? Hätte ich etwas anders machen können? Würde ich mich jemals wieder so lebendig fühlen wie damals im Biergarten?«

Erst, als ich eine Bewegung neben mir spürte, die Augen öffnete und sah, dass John mir ein Papiertaschentuch hinhielt, richtete ich mich auf. Es war dunkel geworden, alle anderen waren weg und auch John hatte offenbar schon seine Matte und das andere Zubehör weggeräumt.

Schnell griff ich nach dem Tuch und wischte mir verstohlen die Wangen. »Entschuldige, hier sind noch die Decken, ich halte dich hier auf ...«

Aber er unterbrach mich mit einem Kopfschütteln. »Du kannst hier so lange liegen bleiben, wie du es brauchst. Nimm die Decken mit zu dir und gib sie mir morgen. Das ist kein Problem.«

Seine freundliche, ruhige Art machte leider, dass ich sofort wieder anfing, zu weinen. Peinlich berührt drückte ich mir das Taschentuch auf die Augen.
Ich hörte, wie John sich neben mich auf die Matte setzte. Einen Moment lang war nur der Wind zu hören, dann sagte er: »Durch die Bewegungen und Dehnungen im Körper lösen sich manchmal einige Emotionen, die in uns geradezu feststecken. Es ist nicht so selten, dass hier jemand weinen muss.«
Erstaunt blickte ich ihn an. Seine Augen waren immer noch so grün-grau, sogar in der Dunkelheit konnte ich das erkennen. Er fuhr fort: »Es ist ganz gut, wenn alles rauskommt, was rausmuss.«
Seine tröstenden Worte taten mir unglaublich gut. Ich hatte das Gefühl, dass ich ihm nicht erklären musste, was passiert war. Dass die Geschichte hinter den Tränen für John völlig egal war. Er saß einfach nur bei mir. Nicht mehr und nicht weniger. Ein warmes Gefühl der Dankbarkeit durchströmte mich.
»Thank you«, sagte ich leise, und er lächelte. Dann stand er auf und ging.
Eine kurze Weile betrachtete ich das unruhige, vom Wind aufgeraute Meer und fühlte mich ausgelaugt. Dann nahm ich die Decken und meine Matte, ging zurück zu meiner Wohnung und legte mich direkt ins Bett. Der Wind ratterte an den Rollläden und ich schlief unruhig, immer wieder geweckt von Geräuschen und meinen eigenen, nicht enden wollenden Gedankenschleifen.

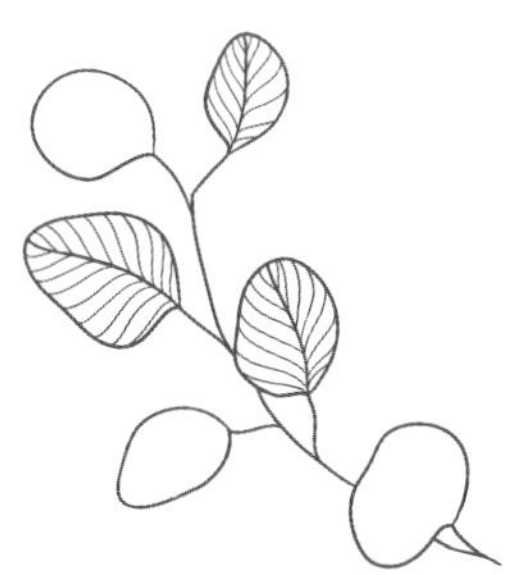

Sehnen nach Glück

Am nächsten Tag wachte ich wie gerädert auf und hörte, wie Regentropfen auf das Dach meiner Ferienwohnung prasselten. Müde tappte ich in die Küche und lugte aus dem Fenster auf das Meer. Alles war grau, das Wasser aufgewühlt und rau, der Himmel dicht und monoton. Es schüttete wie aus Eimern.

Wozu war ich eigentlich auf eine griechische Insel gereist, wenn es sich überhaupt nicht wie ein sonniger, wohltuender, heilsamer Urlaub anfühlte?

Nach der Yogastunde, die wir dieses Mal geschützt in dem schlichten, weißen Raum abhielten, blieb mir nichts anderes übrig, als in die Ferienwohnung zurückzukehren und es mir mit meinen Büchern im Bett gemütlich zu machen. Normalerweise liebte ich solche Zeiten. Allerdings eher, wenn es Herbst war, ich mich mit einem Roman auf meinen Lieblingssessel verzog und dabei eine heiße Schokolade trank. Aber hier und jetzt war es Mittwoch, der 31. Mai – ich hatte Sonne erwartet! Es fiel mir schwer, mich auf die Zeilen meines Buchs zu konzentrieren und nicht beleidigt aus dem Fenster zu starren, das nur ein Stück grauen Himmels präsentierte.

Nach einer Weile wurde ich unruhig und beschloss, lieber einen Regenspaziergang zu unternehmen. Da ich keinen Schirm hier hatte, setzte ich einfach meine Baseballkappe auf, die eigentlich dazu gedacht war, mich vor der Sonne zu schützen. So würde mir der Regen wenigstens nicht so sehr in die Augen tropfen. Ich stapfte los Richtung Dorfzeile. Vielleicht könnte ich ja dort am Kiosk einen Regenschirm kaufen und dann mit Ari durch den Wald spazieren.

Doch als ich von den Ferienwohnungen aus in die Straße einbog, sah ich schon von Weitem, dass Ari nicht an seinem Platz war. Sein Standnachbar aber hatte tapfer seinen Tisch aufgebaut, an dem er seinen griechischen Honig anpries. Ein Schirm, der wohl normalerweise als großer Sonnenschirm fungierte, war darüber aufgespannt und hielt den Regen einigermaßen ab. Auf der orangefarbenen Plane hatte sich schon eine Kuhle mit Wasser gefüllt, das hoffentlich nicht bald herunterplatschte.

Ich ging bis zu Aris Platz, so als ob er dort doch noch magisch auftauchen könnte, und stand für einen Moment recht verloren da. Der Honigverkäufer sah mich neugierig an. »Ari?«, fragte ich nur.

Sein freundliches Gesicht nahm einen mitfühlenden Zug an. Er deutete mit dem Finger auf das Ende der Straße und sagte: »Yellow!«

Yellow – gelb? Was meinte er mit gelb? Hatte er überhaupt verstanden, wonach ich gefragt hatte? Doch nachdrücklich zeigte er noch einmal in die Richtung, ich folgte seinem Blick. Er zeigte auf die Biegung am Ende der Straße. »Ari, yellow!« Dann nickte er bekräftigend.

»Okay, danke«, sagte ich stirnrunzelnd, und nur, weil ich nicht unhöflich wirken wollte, und zugegebenermaßen auch, weil ich sonst nichts zu tun hatte, verabschiedete ich mich und stapfte in die Richtung los, in die er gedeutet hatte.

Im Stillen fragte ich mich, was ich tun solle, wenn ich um die Biegung käme. Würde ich einfach umkehren und wieder am Honigverkäufer vorbei nach Hause gehen, oder gab es noch einen anderen Weg? Doch als ich um die Ecke bog, sah ich, dass einige Meter entfernt eines der Häuser hellgelb gestrichen war. Alle anderen waren weiß, und auch wenn die Farbe nicht grell war, so fiel Aris Haus sofort auf.

Ich beeilte mich, dem strömenden Regen zu entkommen, und stellte mich unter das schützende Vordach. Die abgetragene, vom Wetter gebleichte Fußmatte trug den Schriftzug »Welcome«. Ich zog meine Baseballmütze vom Kopf und verharrte. Was tat ich hier eigentlich? Ich konnte doch wohl kaum Ari einfach so mit einem unangekündigten Besuch überfallen? Aber was sonst wollte ich denn hier?

Für einige Augenblicke war ich von dem Hin und Her in meinem eigenen Kopf total genervt, und energischer, als ich das sonst getan hätte, klingelte ich an der Tür.

Nach einem kurzen Moment öffnete Ari. »Oh, Marie!«

»Ich – ich wollte Sie am Marktstand besuchen, aber da waren Sie nicht …«, stotterte ich los.

»Kommen Sie, kommen Sie«, Ari winkte mich herein. »Sie sehen aus, als könnten Sie eine Tasse Tee vertragen.«

Ein warmer Duft von Holz, Honig und Lavendel hüllte mich ein, als ich das Haus betrat. Der Flur war winzig, zu meiner Rechten stand die Tür zu einer kleinen Küche offen. Ich konnte ausmachen, dass ein Topf auf dem Herd stand, aus dem Dampf aufstieg. Geradeaus vor mir befand sich eine Doppeltür, von der ein Flügel offenstand. Im Wohnzimmer dahinter konnte ich ein senffarbenes Sofa, einen gemütlich aussehenden braunen Sessel und einen Esstisch aus Naturholz ausmachen, auf dem eine aufgeschlagene Zeitung lag. Die Regale an den Wänden waren über und über mit Büchern gefüllt. Mehr war nicht in meinem Blickfeld. Mit einer Grimasse sah ich auf die kleine Pfütze hinab, die ich inzwischen hier im Flur hinterlassen hatte, und immer noch tropfte Regenwasser vom Schild meiner Kappe auf den Boden.

»Tut mir leid, Ari …«

Aber es interessierte ihn gar nicht, sofort eilte er in die Küche, hantierte mit klapperndem Glas, während ich vorsichtig meine durchnässten Turnschuhe abstreifte.

»Ich habe genau die richtige Mischung für Sie«, rief er zu mir heraus. Das klang, als hätte er eine Vorahnung gehabt, dass ich hier auftauchen könnte. Ob er wohl eine Mischung mit dem Namen »An einem Regentag« hatte? Ich lugte durch die Tür und sah, wie er mit einer kleinen, silbernen Schütte fachmännisch Kräuter aus einem großen Vorratsglas nahm und in das sprudelnde Wasser streute. Ich hätte geschworen, dass eine Note des jetzt aufwallenden Dufts Thymian war. Ari drehte die Gasflamme herunter, sodass die wunderbar duftende Mischung nur noch leise

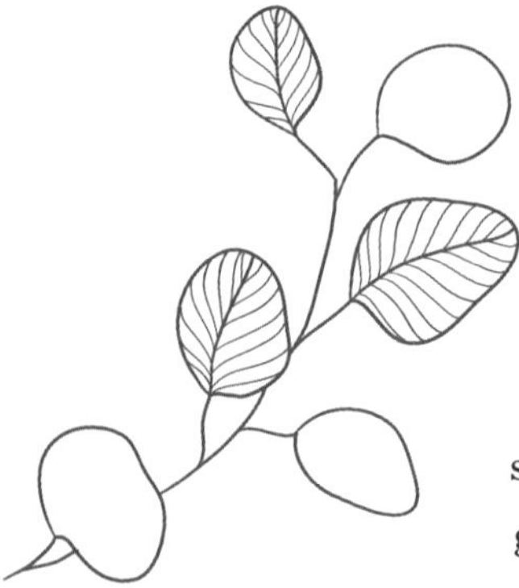

köchelte. Dann wandte er sich mir zu und führte mich ins Wohnzimmer. Er bedeutete mir, mich auf das Sofa zu setzen, und holte aus einer Vitrine eine hellbraune Keramiktasse heraus. Dabei sagte er über seine Schulter: »Na, Marie, sind Sie hier aufgetaucht, weil ich Ihnen immer noch nicht das zweite Geheimnis verraten habe und Sie langsam ungeduldig werden?«

Ich konnte überhaupt nicht auf seine heitere Stimmung eingehen. »Tut mir leid, Ari, es ist sonst nicht so meine Art, irgendwo hereinzuplatzen.«

Ari nickte nur gelassen. Kurz machte er sich in der Küche zu schaffen, stellte dann eine Minute später die braune Tasse mit dampfendem Tee vor mir ab. Stieg mir da neben dem Thymian noch eine Note von Lavendel in die Nase, die ich gleich beim Hereinkommen bemerkt hatte? Tief atmete ich den beruhigenden Geruch ein, nahm mir von dem kleinen Honigtöpfchen, das Ari mir anbot. Er selbst setzte sich mit einer blauen Teetasse in der Hand auf den Sessel, und sah mir ruhig zu, während ich in meinem Tee rührte und versuchte, meine Gedanken zu formulieren.

»Es ist nur ... Eigentlich wäre ich gern wieder mit Ihnen spazieren gegangen und jetzt regnet es in Strömen und wir trinken heißen Tee und es fühlt sich an wie Herbst!«

Ich hielt unvermittelt inne. Die letzten Worte waren doch etwas zu laut über meine Lippen gekommen. Ari begann während meines Ausbruchs zu grinsen. Ich hingegen fand seine Belustigung nicht amüsant, sondern irritierend.

»Und das ärgert Sie, weil ...?«, fragte er.
»Weil ich nicht mit Herbst gerechnet habe.«
»Womit haben sie denn gerechnet?«
Es brach aus mir heraus: »Mit Sonne und Schwimmen im Meer und mehr Freude und ich weiß nicht ... Glück!«
Ari nippte an seiner Teetasse, und ich räusperte mich. Ich konnte hier ja schlecht einen ausgewachsenen Wutanfall bekommen. Zumal Ari ja nun wirklich nichts für all das konnte.
Etwas gedämpfter fuhr ich fort: »Gestern Abend beim Yoga musste ich an Tims und meine Geschichte denken und habe den ganzen Abend geweint. Dabei war es am Mittag so schön gewesen: Wir haben einen Ausflug gemacht und am Hafen in Nikiana meditiert. Ich fühlte mich so gut dabei. Irgendwie schon fast ... frei. Ich dachte, ich wäre damit einen großen Schritt weitergekommen. Und dann war das ganze gute Gefühl gestern Abend wie weggeblasen ...«
Ari stellte seine Tasse ab. »Ihre Erwartungen wurden nicht erfüllt.«
»Stimmt. Regen hatte ich nicht erwartet.«
»Und Wut offenbar auch nicht.«
Ich beobachtete den Dampf, der aus meiner Tasse aufstieg, und spürte diesen Worten nach. »Wut. Hm. Nein, Wut habe ich auch nicht erwartet. Ich wollte hier Heilung finden und dann hat es sich bei der Meditation am Mittag auch genau so angefühlt. Als hätte ich ein Stück von dem erreicht, was ich mir hier erhofft habe. Nur ...« Ich biss mir auf die Unterlippe.
Ari vollendete meinen Satz: »Nur dachten Sie, das gehe immer so weiter.«
»Na ja, sollte ich mich nicht besser fühlen? Sollte ich nicht gefestigter sein und mich von so ein paar blöden Gedanken am Abend und ein paar

Regenwolken gleich so aus der Bahn geworfen fühlen? Vielleicht ist das alles hier umsonst.«

»Wer sagt denn, dass Sie sich besser fühlen sollten?«

Für einen Moment blinzelte ich und überlegte. Welche Stimme in meinem Kopf sagte das? Dann fiel es mir ein.

»Meine Bücher.« Jetzt musste ich doch lächeln. »Ich soll mich auf das Schöne und Gute in meinem Leben konzentrieren, soll Dinge suchen, für die ich dankbar bin, und soll mich aus einer negativen Stimmung in eine positive versetzen, denn das ist etwas, das in meiner Macht liegt.«

»Ich hätte es nicht besser ausdrücken können. Ihre Bücher haben auf jeden Fall recht. Nur nicht zu einhundert Prozent.«

»Was genau meinen Sie?«

»Nun ja, würden Sie sagen, Sie sind momentan wütend?«

Zähneknirschend gab ich das zu. Auch wenn ich hier höflich an meinem Tee nippte, brodelte es in mir.

»Und würden Sie auch sagen, Sie sind wütend darüber, dass Sie wütend sind?«

Ich setzte meine Tasse ab. »Wie bitte?« Jetzt war ich völlig verdattert. Es war aber auch offensichtlich, dass Ari mir mit seiner verschrobenen Art und seinen seltsamen Weisheiten – und nicht zuletzt mit seinem originellen Kräutertee – Ablenkung verschaffte. Vor lauter Überraschung über diese seltsame Frage brodelte es schon weniger in mir.

»Ich bin wütend darüber, dass ich wütend bin? Nun ja, ehrlich gesagt schon. Ich ärgere mich über den Regen und erwarte von mir, dass ich glücklich durch die Gegend laufe.«

»Genau, Marie. Wir haben nicht nur Emotionen wie unsere Wut über einen Regentag oder die Trauer über eine zerbrochene Beziehung. Wir haben auch sekundäre Emotionen darüber: Enttäuschung, weil wir unsere Wut nicht zügeln können. Oder Scham, weil wir nicht so funktionieren, wie wir möchten, wenn Trauer einen so großen Raum einnimmt.«

Ich fühlte mich ertappt. »Ari, Sie könnten auch im Nebenberuf noch Meisterdetektiv werden.«

»Ich weiß diese Dinge nur, weil es uns allen gleich geht. Jeder macht solche Höhen und Tiefen durch. Jeder kennt Scham und das Gefühl, es einfach nicht so gut zu schaffen wie alle anderen. Das ist erst einmal ganz normal, Marie. Das sollten Sie sich immer wieder klarmachen. Selbst der glücklichste Mensch hat mal einen schlechten Tag. Oder eine richtig harte Zeit. Sie sind nichts Besonderes, Marie, wenn ich das mal so unverblümt sagen darf. Und das meine ich ganz positiv. Wir sind nicht allein, auch in den Momenten, in denen wir uns von allem Glück abgetrennt fühlen.«

Ich musste sofort an Lisa, Sanna und Annika denken, die gestern beim Ausflug ihre Geschichte erzählt hatten. Sie alle machten eine harte Zeit durch, genau wie ich. Konnte es vielleicht sein, dass auch sie darüber wütend waren und sich wiederum dafür schämten? Nachdenklich nippte ich an meinem Tee.

Ari fuhr fort: »Ich möchte noch etwas zum ›Konzentrieren auf das Positive‹ sagen. Da haben Ihre Bücher nämlich durchaus recht. Es hilft, Dankbarkeit zu kultivieren. Das Gute im Leben sehr achtsam wahrzunehmen. Oder was es morgen Gutes geben könnte, denn das ist durchaus eine Möglichkeit. Meistens gibt uns der Gedanke an die Sonne, die morgen wieder scheinen könnte, die nötige Kraft, durch den Tag zu kommen. Von daher finde ich diesen Rat gut. Nur eines ist wichtig: Ausschließlich positiv gibt es nicht. Es ist ein unmögliches Unterfangen, immer nur gut gelaunt zu sein, oder wie in Ihrem Fall auf dem Weg zur Heilung, einen immer noch glücklicheren Tag an den davor zu reihen, wie Perlen auf einer Perlenkette.«

Natürlich gab es das nicht. Jetzt, da ich Ari das sagen hörte, ergab es für mich sofort Sinn. Schon wieder schämte ich mich, nur dieses Mal dafür, dass ich vor lauter Regen diesen einfachen Gedanken nicht selbst gehabt hatte. Wieso hatte ich erwartet, dass ich in dieser Woche jeden Tag immer glücklicher werde? Dass ich quasi von innen leuchtend nach zehn Tagen wieder in den Flieger steigen werde und damit meine Reise und meine Heilung gleichermaßen beendet wären?

»Wenn die Emotionen auf der Türschwelle auftauchen, Marie, ist es manchmal besser, sie einfach einzulassen und willkommen zu heißen.«

Meine Ohren wurden heiß, aber nicht vom Tee. Ich war einfach hier unangekündigt aufgetaucht und hatte nicht nur seinen Tag gesprengt, sondern auch noch meine Wut hier verbreitet.

»Tut mir wirklich leid, Ari, dass ich einfach so hier aufgekreuzt bin, das war unbedacht von mir …«

»Nein, nein«, lachte er, »das war nicht zweideutig gemeint, Marie. Sie wissen ja, dass ich mich darin übe, jede Welle mit Hingabe zu nehmen, die mir das Universum liefert. Und wenn mir das Universum heute mit dem Regen eine Marie vor die Tür spült, dann ist das gut so. Und vielleicht hat es mich selbst ein wenig daran erinnert, dass Trauer und Wut nun mal ihren Raum brauchen und man sich dafür nicht schämen muss. Manchmal lerne ich alter Mann sogar auch etwas, in dem Moment, in dem ich es lehre.«

Er schmunzelte sein unverkennbares Schmunzeln. Zur Erklärung fuhr er fort: »Ich wollte heute Mariendisteln ernten, und das geht bei Regen nicht. Meine Frau hätte den Wetterbericht gesehen und mir das längst gesagt. Das hing mir heute Morgen ein wenig nach.«

»Verstehe.« Es war nicht einfach, sich vorzustellen, dass Ari, der so weise zu mir sprach, vielleicht selbst noch wenige Stunden zuvor mit etwas gehadert hatte, was nur allzu menschlich war. Ich nahm einen weiteren Schluck Tee und spürte dem süßen und kräutrigen Geschmack nach.

»Sagen Sie einfach ›Ja‹«, fuhr Ari fort. »Ja zum Leben. Und auch Ja zum Weinen. Nur der Widerstand macht es schwierig, erinnern Sie sich? Die Wellen, Marie?«

Ich nickte. Dann setzte ich die Teetasse entschlossen ab. »Ich kaufe jetzt einen Schirm, Ari, und dann gehen wir trotzdem los. Wir machen einen Regenspaziergang.«

Ari richtete sich im Sessel auf. »Sie brauchen nichts zu kaufen. Einen Schirm habe ich hier. Wir können sofort losgehen. Und ich weiß auch schon, wohin.«

Draußen spannte Ari einen großen, rot karierten Schirm mit altmodischem Holzgriff auf, der unsere Gesichter in einen warmen Schimmer tauchte. Das stetige Prasseln über unseren Köpfen begleitete uns, als wir der Straße folgten, den Hügel hoch, vorbei an still daliegenden weißen Häusern mit terrakottafarbenen Dächern, vorbei an Büschen und Sträuchern. An einer Weggabelung bemerkte ich, dass wir nach rechts wahrscheinlich in das Pinienwäldchen gelangen würden, das ich von unseren bisherigen Spaziergängen kannte. Als ich mich umsah, um auf das Dorf hinabzublicken, bot sich mir nur ein trostloser Anblick. Die Straße war menschenleer, weil jeder vor dem Regen geflüchtet war, das Meer zeigte sich als schlammgrauer Streifen am Horizont, aufgewühlt und unruhig. Der Himmel darüber ein einziges monotones Grau. Kleine Rinnsale flossen zu unseren Füßen das Sträßchen hinab.

»Kommen Sie«, sagte Ari milde, und stapfte los nach links. Hier schlängelte sich ein dünner Pfad vom Wäldchen weg, weiter hoch in die hügelige Landschaft, karger und steiniger als die übrige Gegend. Aber bevor ich mich fragen konnte, wohin mich Ari wohl dieses Mal führen würde, sprach er weiter, so als hätten wir nie aufgehört, über die Kräuter zu sprechen, die Ari ursprünglich hatte sammeln wollen: »Mariendistel ist gut für die Leber. Wenn wir etwas verdauen müssen, was zu viel für uns ist. Was müssen Sie erst einmal verdauen, Marie? Was macht Sie so wütend, dass ein einziger Regentag allein nicht der Grund dafür sein kann?«

Hatten wir nicht schon darüber gesprochen? Mein Herz klopfte, vielleicht von der kleinen Anstrengung, den Hügel zu erklimmen. Es war geradezu ein wütendes Klopfen. Ja, ich war wütend. Wütend, dass ich hier auf einer verregneten Insel festsaß. Dass ich hier verzweifelt Heilung suchte. Weil ich so verletzt worden war. Weil Tim sich so verhalten hatte. Mir keine Chance gelassen hatte. Weil er sein Glück bei einer anderen Frau suchte, einfach so.

Brennend heiß stieg mir das Gefühl den Hals hinauf, ein Kloß, vor dem ich Angst gehabt hatte.

Tim hatte mich belogen, eine ganze Weile lang. Welche der langen Abende im Büro waren wirklich wegen der Arbeit gewesen und welche wegen der anderen Frau? Welche der Nachrichten und Anrufe, deretwegen er sich zum Telefonieren zurückzog, betrafen wirklich dringende Arbeitsangelegenheiten, und wann waren sie alles andere als das geworden? An meinen verheulten Abenden bei Julia auf der Couch hatte meine beste Freundin manchmal versucht, diese Fragen aufzubringen, aber ich wollte sie nicht diskutieren. Wollte zur Ablenkung lieber bei Rotwein, Lieblingsserie und haufenweise Lakritze bleiben. Ich wollte nicht daran denken, wie weit Tim und die andere wirklich gegangen waren, und wie lange schon, sondern mit Julia darüber sprechen, wie traurig es mich machte, dass er so nüchtern und sachlich mir gegenüber war.

Aber hier und jetzt, mitten in einer verregneten griechischen Landschaft, irgendwo zwischen Tal und Gipfel, setzte ich mich auf einen kalten Stein und weinte. Heiß liefen mir die Tränen die Wangen hinunter. Ari sah mir geduldig zu, hielt den Schirm weiter über mich. Mit einer ruckartigen Handbewegung wischte ich mir eine Wange. »Ich bin nicht traurig, Ari, ich bin wütend!«

Er nickte nur. »Wie mir scheint, wurde das auch Zeit.«

»Wie konnte er nur? Wie konnte er nur sieben Jahre einfach wegwerfen? Wie konnte er sich einfach eine Neue suchen? Als ob das mit uns nichts wert wäre. Als ob ich es nicht verdienen würde, dass er mich besser behandelt.«

Ich stand auf und wusste nicht, wohin mit mir. Mit geballten Fäusten, mit zusammengepressten Zähnen und vermutlich vor Wut und Scham geröteten Wangen. Niemals hätte ich in München so einen Ausbruch gehabt vor einem alten, weisen Mann. Noch nicht einmal vor Julia sagte ich solche Sätze. Nicht, weil sie das nicht verstanden hätte und nicht für mich da gewesen wäre. Sondern weil man so etwas doch nicht tat. Man flippte nicht aus und schrie herum. Man suchte nach Lösungen, schaltete den Verstand ein. Es war falsch, hier zur Furie zu werden. Genau deswegen schämte ich mich so. Konnte ich mich denn nicht zügeln?

Aber Ari stand da, nickte mir zu, und hielt mich mit seinem Blick aus seinen klaren, wachen, blauen Augen fest. Instinktiv wusste ich, was das hieß. »Weiter so«, sagte mir dieser Blick.

Der Regentag hatte die Wut an meine Schwelle gespült und zum ersten Mal machte ich ihr wirklich die Tür auf.

»Weggeworfen wie ein altes Paar Schuhe!« Meine Stimme hallte vom Berg wider. »Wie konnte er mich nur so behandeln! Dieser Idiot!« Bei den letzten Worten schnürte mir ein Schluchzen die Kehle zu. Ich schlug die Hände vors Gesicht und weinte laut, es schüttelte mich regelrecht. Ari hielt den Regenschirm schützend über mich und wartete einfach, bis der Ausbruch vorbei war. Bis ich, entkräftet und leer, mir das Gesicht wischte. Auf dem Stein kraftlos in mich zusammensank. Bis mir nicht mehr heiß war, sondern ich die Kälte des Steins und der regennassen Luft spürte.

Der Regen schien nachzulassen. Statt Schnüren sah ich jetzt wieder einzelne Tropfen am Rand des Regenschirms.

Ich holte tief Luft. »Tut mir leid, dass ich hier so herumgeschrien habe, Ari.«

»Mir tut es nicht leid. Im Gegenteil. Ich glaube, wir sind auf dem richtigen Weg.«

»Was meinen Sie?«

»In unserem Alltag können wir nicht immer den Gefühlen den Raum geben, den sie brauchen. Sie müssen Ihre Arbeit erledigen, Marie, müssen auf die Menschen in Ihrem Umfeld Rücksicht nehmen, müssen sich eine neue Wohnung suchen. Aber hier, wo alles anders ist, als Sie es sich vorgestellt haben, können Sie einmal so richtig weinen und sagen, was Sie wütend macht. So richtig dem nachspüren, was eigentlich passiert ist. Ohne dass Sie dafür verurteilt werden. Denn, das haben Sie vielleicht nicht bemerkt, Marie, aber mit Ihrer Wut tun Sie niemandem weh.«

Ich blinzelte. »Ich hab mich gerade wie eine regelrechte Furie benommen ...«

»Sie haben nicht mich angeschrien. Sie haben Ihre Wut auch nicht ungefiltert an Tim ausgelassen, was ich gut finde. Und dennoch ist es wichtig, dass Sie mal den Filter abnehmen und genau hinsehen, denn nur dann können Sie alles auflösen. Es mag sich seltsam anfühlen, mal zur

Furie zu werden, aber Sie hatten doch allen Grund dazu, oder nicht? Und da Sie keinen Racheakt gewählt haben und etwa Tims Auto zerkratzt haben oder so etwas ...«

Er schmunzelte doch tatsächlich. Ungläubig schnaubte ich ein kleines Lachen.

»... finde ich, dass Sie der Wut einen geschützten Raum gegeben haben. Und das ist ganz wichtig. Wir haben Möglichkeiten, die Wut reinzulassen und durch uns durchzulassen, ohne dass wir anderen wehtun. Sie könnten hier alle Steine wegkicken. Sie könnten gegen den Wind schreien. Sie könnten in Ihr ferrarirotes Notizbuch Dinge schreiben, die nie jemand zu lesen bekommt. Und das sollten Sie auch, Marie. Denn was haben Sie gerade entdeckt? Wohin hat Ihnen die Wut den Weg gewiesen?«

Ich öffnete den Mund, ohne dass mir klar war, welche Worte ich sagen würde: »Dass ich mich so nicht behandeln lassen werde.« Überrascht hielt ich inne. In mir war es nicht mehr heiß, nicht mehr wütend, nicht mehr stürmisch. Sondern klar und ruhig. »Hm. Ich war so beschäftigt damit, nach der Sonne zu jagen, auf gar keinen Fall diese Traurigkeit und Wut zu spüren, alles wegzumeditieren. Aber ich will mich so nicht behandeln lassen. Das – das habe ich in meinen Gesprächen mit Julia irgendwie nie erwähnt. Wir haben immer nur analysiert, was Tim da gemacht hat und was das bedeutet ... Wie er so etwas tun konnte, womit ich nie gerechnet hätte. Weil ihm das gar nicht ähnlich sah.«

Ari nickte. »Tim ist kein schlechter Mensch. Schließlich war er viele Jahre lang Ihr Tim, deswegen weiß ich das. Er hat ein paar falsche Entscheidungen getroffen und eine ganz arg falsche. Wir wissen nicht, welche Schmerzen er selbst durchgestanden hat und durchsteht. Mir ist klar, dass Sie ihn nicht schlechtmachen wollen, Marie, und darum geht es auch gar nicht. Wir gehen beide davon aus, dass Tim ein herzensguter Mensch mit den besten Absichten ist. Trotzdem dürfen Sie sagen, dass er mit der Affäre eine Grenze überschritten hat. Trotzdem dürfen Sie darüber wütend sein, dass jemand Sie in diesem Bereich nicht mit dem nötigen Respekt behandelt hat. Sie sollten es sogar. Schlucken Sie diese Wut nicht hinunter, sondern geben Sie ihr, wie gesagt, einen geschützten Raum.«

Nun war meine Wut wie weggeblasen. Vielleicht, weil ich bei Ari alles einmal ausgesprochen hatte und er dafür Verständnis gezeigt hatte. Weil die Wut da sein durfte und Raum hatte, so, als ob man bei einem Dampfkochtopf pfeifend den Druck ablässt. Ich fühlte mich viel friedlicher, ruhiger, während ich hier auf das Meer blickte, obwohl es immer noch regnete.

»Wollen wir weiter hinaufgehen?«

Ich nickte. Ich ging neben Ari den Pfad entlang, der nicht weiter zum Gipfel führte, sondern eine Biegung zu einer Anhöhe hin machte.

»Komisch«, begann ich. »Erst vorhin habe ich in einem meiner Bücher gelesen, wie sehr wir uns auf das Gute konzentrieren sollen.

Und jetzt habe ich mich mal so richtig auf das Schlechte konzentriert. Das war eine gute Idee, Ari.«

»Ja«, er presste seine Lippen zusammen. »Das mache ich auch manchmal ganz gern. An Trauertagen zum Beispiel.«

Er witzelte darüber, dass er selbst so barsch gewesen war, an meinem ersten Tag hier. Bevor ich protestieren konnte, fuhr er fort: »Es ist eben so, dass es im Leben auch die nicht so glücklichen Dinge gibt. Und damit meine ich gar nicht nur das große, schlimme Ereignis. Es gibt Steuererklärungen und Regentage, es gibt Grippewellen und kaputtgegangene Lieblingsgegenstände. Was machen wir dann? Sollen wir ignorieren, dass wir uns manchmal lustlos oder traurig fühlen?«

»Laut meinem Buch ja!«

»Aber dann geben Sie sich doch immer selbst das Gefühl, etwas falsch zu machen, Marie. Und denken Sie dann nicht die ganze Zeit, ich habe keine Lust dazu, aber eigentlich sollte ich glücklich sein?«

»Doch! Genau das denke ich!« Mein Lachen klang wie ein wütender Atemstoß. So war es wirklich, auch wenn es sich verrückt anhörte. Meine innere Stimme sagte mir, ich solle doch jetzt mal glücklich sein, in einem Ton, der einem trotzigen Kind gleichkam. Das Gefühl in meinem Körper dabei war gar nicht leicht und frei, sondern ein Druck. Ein wütendes Aufstampfen. Als würde das Kind sagen: »Wieso kann ich denn jetzt nicht glücklich sein?«

»Wir können nicht immer fröhlich sein. Ein Grund dafür liegt auf der Hand: Wenn wir nie traurig wären, wüssten wir gar nicht, wie es ist, fröhlich zu sein. Wir brauchen den Kontrast. Auch wenn ich auf den ganz starken Kontrast, nämlich Schicksalsschläge, nun wirklich verzichten könnte.«

Ich wusste sofort, dass er da gerade von dem Tod seiner Frau sprach. Aber Ari stapfte weiter und tat so, als müsse er sich auf den Weg konzentrieren.
»Es gibt aber noch einen viel einfacheren Grund. Unsere Gefühle – alle unsere Gefühle, auch die langweiligen, traurigen, wütenden, schmerzhaften – sollten wir nicht wegdenken. Oder wegmeditieren.«
»Hm. Ich gebe zu, das würde ich aber am liebsten.«
»Wenn Sie nicht fühlen könnten, dass Sie traurig sind, würde Ihnen ein ganz wichtiger Wegweiser fehlen.«
»Ein Wegweiser?«
»Wann waren Sie in Deutschland zuletzt richtig traurig, Marie?«
Ich traute mich kaum, es auszusprechen. »Als ich gemerkt habe, dass Tim nicht glücklich mit mir ist. Dass da nichts mehr zu retten ist.«
»Und wofür könnte Ihnen das den Weg weisen?«
Ich überlegte eine ganze Weile.
»Nun ja, niemand will abgelehnt werden ...«
»War Traurigsein etwas, was Sie weiterhin gern fühlen wollten?«
»Nein!«
»Wäre es demnach besser gewesen, wenn Tim bei Ihnen geblieben wäre?«
Mein nächstes »Nein« kam schon zögerlicher über meine Lippen. Hätten wir nichts mehr retten können? Da war er wieder, der Gedankenschleifensatz, den ich mir immer wieder sagte. Aber in Wirklichkeit kannte ich die Antwort darauf schon. Tim hatte mich nicht in seine Gedanken und Gefühle einbezogen, er hatte mit sich selbst ausgemacht, dass die einzig logische Konsequenz war, sich jemand anderem zuzuwenden. Er zog überhaupt nie in Betracht, dass wir hätten reden können, dass wir in Form von Paartherapie Hilfe hätten suchen können, sogar, dass wir uns

auf Zeit hätten trennen können, ohne sich in eine Affäre zu stürzen. Tim hatte seine Zweifel für sich behalten. Hatte allein gehandelt. So, als ob er längst nicht mehr Teil einer Beziehung gewesen wäre. So, als ob es nicht mehr darauf ankam, was ich dachte, was ich fühlte, was ich wollte. Ich musste mir eingestehen, dass ich mit meinem Wunsch, die Beziehung zu retten, ganz alleine dagestanden war.

»Und was wünschen Sie sich jetzt?«

»Dass ich mich glücklich fühle. So wie früher mal.«

»Und das werden Sie. Der Wegweiser hat zwar zu einem Ziel gedeutet, das noch weit entfernt ist und vielleicht über Umwege führt, aber Ihre Traurigkeit hat Ihnen gezeigt, dass die Situation nicht so bleiben kann, wie sie ist.«

So hatte ich das noch nie gesehen. Ich hätte alles dafür getan, wieder glücklich zu werden zusammen mit Tim, aber diese Option gab es nicht. Und natürlich hatte ich mich abgelehnt gefühlt, das tat ich immer noch. Dieses Gefühl saß tief und würde nicht so einfach verschwinden, nur weil ich etwas verstanden hatte. Aber so langsam begriff ich, dass Tims Entscheidung weniger mit mir und viel mehr mit ihm selbst zu tun gehabt hatte.

Endlich standen wir ganz oben auf der Anhöhe, auf die Ari mich hatte führen wollen. Es war eine von vielen weiteren, wie ich sehen konnte, westlich von uns ragte die bergige Landschaft noch viel höher auf. Aber wir standen hier auf dem Plateau, geschützt vom rot karierten Schirm. Wir mussten wohl der einzige farbige Fleck in der grünen Landschaft sein. Unten konnte ich die Häuschen des Dorfes erkennen, vor uns lag das Meer, dessen graublaue Oberfläche sich durch den Regen kräuselte.

Die Umrisse der anderen Inseln und des Festlands ließen sich nur erahnen. Am Horizont konnte ich sehen, wie ein grauer Regenschleier von einer Wolke direkt zum Meer hinab führte. Dort drüben musste wohl ein richtiger Schauer hinuntergehen, während es über uns nur noch nieselte. Selbst jetzt, selbst an diesem verregneten Tag, war ich von der Schönheit des Meeres berührt. Obwohl der Anstieg durchaus anstrengend gewesen war, fühlte ich mich jetzt frei und klar. Und ich wusste ganz genau, dass das mit meinem Inneren zu tun hatte. Ein wichtiges Stück Gepäck hatte ich zurückgelassen. Dort, auf dem Rastplatz mit dem Stein, mit meinem Wutanfall. Ich hatte diese Last nicht mit nach oben genommen.

In den Nieselregen hinein sagte ich: »Ich habe solche Angst und Scham wegen meiner Wut empfunden, aber jetzt ist sie – nicht mehr so heftig.«

Ari nickte. »Wir müssen diese Gefühle einmal richtig durch uns hindurchlassen, einmal richtig wahrnehmen. Sonst bleiben Sie stecken wie die Regenwolke am Berghang. Und dann ist jeder Versuch, die Sonne wieder zum Scheinen zu bringen, ein riesiger Kraftakt. Deswegen bin ich überzeugt davon, dass wir nicht nur positive Gefühle auf dem Weg unserer Heilung brauchen. Sondern alle.« Er stemmte die Hände in die Hüften, den Gehstock weit von sich gespreizt. »Eigentlich wäre es jetzt so schön symbolisch, wenn die Sonne auftauchen und einen Regenbogen hervorzaubern würde!«

Ich lachte los. »Ari, Sie ärgern sich doch jetzt nicht über einen Regentag?«, neckte ich ihn.

»Nein«, schmunzelte er. »Aber mein Punkt, dass alle Emotionen in

Ordnung sind, so wie alle Farben des Regenbogens, würde so schön unterstrichen werden.«

Lächelnd erwiderte ich: »Das verstehe ich.«

»Sie haben gerade das zweite Geheimnis ... erklommen, würde ich sagen.«

»Wirklich?«

»Wirklich. Es ist nämlich ein großes Missverständnis, dass nur die guten Gefühle uns zur Heilung führen. Die Gefühle, die wir schlecht nennen, sind manchmal unsere besten Wegweiser. Da wollen wir nicht mehr hin. Oder da sollten wir ganz genau hinsehen. Das wollen wir nicht noch einmal mit uns machen lassen. Verstehen Sie?«

»Voll und ganz. Es ist ein Irrtum, dass es nur gute Gefühle bei einer Heilung gibt. Geheimnis geknackt. Ari, jetzt bin ich fast dankbar darüber, dass es hier heute geregnet hat. Das ist doch verrückt, oder?«

Mit einem zufriedenen Lächeln sagte er: »Ja, das ist wunderbar verrückt. Und anders würden wir es gar nicht haben wollen.«

Ein Ritual

Am Abend trafen wir uns wieder für unsere Yin-Yoga-Stunde. Der Regen hatte endgültig aufgehört, doch die Steine waren noch nass. Also verlegten wir unsere Übungen in den Yogaraum. Geschützt und eng zusammengerückt, wie wir hier waren, kam eine gemütliche und wohlige Stimmung auf. John ließ entspannende Musik laufen und ich spürte in jeder Faser meine Klarheit, die mich begleitet hatte, seit mein Wutausbruch verraucht war. Komisch, dass sich Heilung nicht immer locker und leicht anfühlte. Sondern manchmal firm und unbeugsam. Ich war nach der ruhigen Musik und den sanften Bewegungen nicht müde, sondern immer noch hellwach. Fühlte mich immer noch wie elektrisiert.

Als wir die zusammengerollten Matten in die Ecke stellten und John die CD aus dem Player holte, kam mir eine Idee. Ich wünschte den anderen eine gute Nacht und machte mich auf den Weg zurück in meine Wohnung. Dort schloss ich leise die Tür hinter mir, knipste die kleine Nachttischlampe neben meinem Bett an und verharrte für einen Moment.

In die Stille hinein klingelte mein Handy, ich zuckte zusammen. Als ich auf dem Display sah, wer es war, nahm ich schnell ab.

»Hey meine Süße«, meldete sich Julia atemlos. »Du warst doch nicht etwa schon im Bett, oder? Habe ich dich geweckt?«

»Nein, ist schon in Ordnung«, lächelte ich. »Ich bin nur erschrocken, weil es hier so ruhig ist. Eigentlich wunderbar ruhig.«

»Ich hatte gerade eine Idee, Marie, und ich muss dich einfach sofort fragen. Ich habe dir doch von der geplanten Tokioreise erzählt, und dass Markus nicht kann? Na ja, ich würde wahnsinnig ungern diese ganze Reise ins Wasser fallen lassen und eine Umbuchung zu einem anderen Zeitraum ist ganz schön teuer. Zumal ich auch gar nicht weiß, ob sich Markus dann freinehmen kann oder doch wieder so etwas dazwischenkommt wie die wichtige Vorstandspräsentation. Und deswegen dachte ich ...

Wieso fliegst du nicht mit mir dahin?«

Für einen Moment war ich perplex. »Ich? Weil Tokio schon die ganze Zeit dein Traum ist – oder vielmehr euer Traum – und nicht meiner. Und weil ich zurück in Deutschland neue Fotoaufträge haben werde, deren Timing ich noch gar nicht kenne. Und weil ich in München eine Wohnung suchen muss!«

»Ach, komm schon, Marie!« Julias jazzige Stimme nahm einen flehenden Ton an. »Das wäre doch so großartig! Wir zwei, Mädelszeit und ein paar Samurai.«
Ich lachte bei der Vorstellung, dass wir beide mit zwei Samurai in voller Montur bei einer Teezeremonie sitzen würden, sagte aber dennoch: »Julia, das ist eine total schöne Idee. Aber bei allem, was ich gerade nicht weiß, ist mir nicht danach, eine weitere Reise zu planen.«
»Es ist ja nicht so, als würden wir direkt fliegen, wenn du aus Griechenland nach Hause kommst! Da ist ja noch ganz viel Zeit.«
»Da ist aber auch ein ganzer Umzug. Tut mir leid, Julia, nein.«
Sie murrte. »Ach, leider bist du vernünftig und hast recht und ich mag es nicht, wenn du recht hast. Mir wird wohl nichts übrig bleiben, als umzubuchen.«
»Tut mir leid, Süße.« Ich lächelte. »Nächstes Mal lasse ich dich wieder recht haben.«
Wir verabredeten, am nächsten Tag länger zu telefonieren. Dann ließ ich mein Handy sinken und blickte in das dunkle Zimmer. Nur erleuchtet von meiner Nachttischlampe, die einen freundlichen Lichtschein über mein Bett warf. Das hier war buchstäblich mein geschützter Raum. Ich begriff, warum Kim für die Reiseorganisation darauf bestand, dass jeder und jede Teilnehmerin alleine eine Ferienwohnung bewohnte, selbst, wenn man mit einer Freundin anreiste.
Ich zog mein ferrarirotes Notizbuch vom Stapel, legte mein Handy auf dem Tischchen zurecht und kramte in der Küche nach Streichhölzern, um die weiße Kerze anzuzünden, die auf dem Nachttischchen gestanden hatte. Kim hatte uns eine Meditationsform erklärt, bei der man sich auf

die Flamme einer Kerze konzentrierte. Deswegen hatte sie jede Wohnung damit ausgestattet. Jetzt aber wollte ich eine bestimmte Stimmung, die nichts mit Meditieren zu tun hatte. Die Streichholzschachtel war allerdings leer, sodass ich mir noch einmal meinen Pulli überzog und schnell hinaushuschte. Ein Blick zu Kims Wohnung hinüber verriet mir, dass sie entweder nicht da war oder schon zu Bett gegangen war – aus keinem der Fenster drang Licht. Kurz entschlossen ging ich die paar Meter zu Johns beleuchteter Wohnung hinüber. Zaghaft klopfte ich, und einen Moment später stand John in der Tür, immer noch in Yogahosen.

War er gar nicht überrascht, mich zu sehen? Ich ließ mir nach einer kurzen Begrüßung keine Zeit und haspelte los: »Ich hatte nur gerade eine Idee und ich brauche dazu ein Feuer – hm, das klingt jetzt seltsam ... Ich setze hier jetzt nichts in Brand, aber –«

»Keine Bange, ich hatte nicht den Eindruck, dass du unvorsichtig wärst. Sind Streichhölzer okay? Brauchst du sie für die Meditationskerze?« Er hatte sich schon umgedreht und war zu einem Regal gegangen, in dem verschiedene Bücher und Kerzen zusammenstanden. Einen Herzschlag lang überlegte ich, einfach ja zu sagen, aber irgendwie fühlte es sich nicht richtig an, John gegenüber unehrlich zu sein.

»Offen gestanden möchte ich ein kleines Heilritual machen. Dazu brauche ich auch die Kerze, ja. Reicht es, wenn ich dir die Schachtel morgen wiederbringe?«

»Du kannst sie behalten, ich habe noch welche.« Verschmitzt lächelnd fügte er hinzu: »Hey, wenn

du Lust hast, noch etwas mehr für deine Heilung zu tun, morgen Abend gehe ich in Nikiana essen. Kim fährt mich hin, und danach werde ich nach Hause spazieren. Es dauert nicht ganz eine Stunde, und ich gehe so, dass ich dabei den Sonnenuntergang sehen kann. Ich denke jedenfalls nicht, dass es morgen noch einmal regnet. Möchtest du gern mitkommen? Einmal während jedes Retreats mache ich diese Mini-Wanderung. Für mich ist das sozusagen mein kleines Heilritual.«

»Bist du sicher, dass ich dich dabei nicht störe?«

»Ich würde es dir nicht anbieten, wenn ich lieber alleine wäre.«

Johns Klarheit und Ruhe fühlte sich an, als könnte man sich zu jeder Zeit auf ihn verlassen. Ich nickte und lächelte bei der Vorstellung, einen weiteren Teil der Insel zu entdecken, ihn mir quasi zu erlaufen. Und dieses Mal hoffentlich im abendlichen Sonnenschein, ganz ohne karierten Regenschirm. »Wenn das so ist, gern. Ich komme mit.«

Zurück in meiner Wohnung legte ich meine Sachen auf dem Tisch zurecht – Notizbuch, Stift und Kerze. Ich setzte mich, entzündete den Docht und konzentrierte mich auf die Idee, die ich am Ende der Yogastunde gehabt hatte, die so klar für mich zu greifen gewesen war. Nach diesem Tag im Regen, nach dem Aufstieg auf den Hügel, nach meinem Wutausbruch hatte ich das Gefühl, dass ich noch etwas zu erledigen hatte. Im Schein der flackernden Kerze suchte ich einen Song auf meinem Handy. Einen, bei dem das wilde Schlagzeug einen rasanten Rhythmus hämmerte. Einen, der den passenden Songtext hatte. Einen, der mich gedanklich noch einmal zu meiner Wut führen würde.

Als die ersten Takte zu hören waren, hielt ich den Stift erst noch zögernd über dem Papier. Schrieb dann einen ersten, zaghaften Satz. Doch dann bewegte sich meine Hand immer schneller, die Worte flossen aus mir heraus. Worte, die ich in dieser Form zu Tim nie sagen würde, nie sagen wollte. Was ich hier schrieb, war nur für mich und das Papier bestimmt. War nur in dem flackernden Kerzenlicht überhaupt sichtbar.
Ich schrieb darüber, wie verletzt ich war, wie furchtbar ich die Situation gefunden hatte, schrieb wütende Ausdrücke, sogar Beschimpfungen, weit schlimmer als »Idiot«. Ich schrieb, als würde ich zu Tim sprechen, obwohl ich so garantiert nie mit ihm oder sonst irgendjemandem je sprechen würde. Der Song, der in einer Wiederholungsschleife wieder und wieder lief, spornte mich an. Ich tat niemandem weh, wenn ich diese Dinge einmal in Worte fasste. Ich tat Tim nicht weh, da ich sie nie zu ihm sagen würde. Aber ich gab meinem Schmerz einen Raum, den ich ihm bisher noch nie zugestanden hatte. Und ich musste mich nicht um Grammatik, Anstand oder Leserlichkeit sorgen. Mehr und mehr krakelte ich, unterstrich ein Wort zweimal, kritzelte Ausrufezeichen und holte bei einem Schimpfwort aus. Nach einer Weile war die Wut verraucht und das Gefühl in mir nur noch Leere. Fünf Seiten hatte ich mit immer größer werdenden Buchstaben beschrieben. Ich stoppte den Song und blätterte zurück. Aber ich fühlte mich so befreit und nicht mehr wütend, dass ich gar nicht noch einmal lesen wollte, was da stand.

Einer Eingebung folgend riss ich die erste Seite zunächst vorsichtig heraus. Doch – das tat gut. Ich rupfte alle beschriebenen Seiten Stück für Stück aus meinem teuren Notizbuch und konnte mich darüber nur amüsieren – es fühlte sich einfach richtig an. Es ging nicht nur darum, dass niemand diese Seiten jemals lesen sollte. Auch ich würde die Worte darauf hinter mir lassen. Ich zog mir wieder meinen warmen Pulli über, schnappte mir eine weiße Keramikschüssel aus dem Küchenschrank und legte die zusammengeknüllten Seiten hinein. Mit der Schüssel unter den einen Arm geklemmt und der Kerze, die ich vorsichtig in der anderen Hand hielt, schlich ich leise aus der Wohnung, hinunter zum Meer. Es regnete nicht mehr und war windstill, aber Sterne waren auch keine zu sehen. Direkt am Wasser ging ich in die Hocke, setzte die Schüssel ab und zündete vorsichtig, Stück für Stück, die Blätter an der Kerzenflamme an. Ich sah zu, wie das Papier dunkler und schwarz wurde, wie es sich kräuselte und zusammensank. Wie meine Wut hier ganz buchstäblich verrauchte. Alles, was mich gekränkt und geärgert hatte, wurde nun in etwas anderes verwandelt. Die bläuliche Flamme fraß sich an den Papierrändern entlang, verkokelte die Schrift, meine gekrakelten Buchstaben. Schließlich war das Feuer erloschen, heiß blieb die Asche in der Schüssel zurück. Nur einen kleinen Fetzen Papier hatte es nicht erwischt, er ragte mit schwarzem Rand aus dem verkokelten Haufen heraus. Ich tippte auf das Taschenlampensymbol auf meinem Handy und leuchtete auf das Wort, das übrig geblieben war. Auf dem Papier stand schlicht und einfach: »Ich«

Ich wartete einige Minuten, bis die Asche abgekühlt war, dann zog ich mit spitzen Fingern den Schnipsel aus der Mitte. »Ich«. »Ich« war übrig geblieben, nachdem ich durch meine Wut hindurchgegangen war und unwiederbringlich zurückgelassen hatte, was ich hatte durchleben müssen. »Ich« war buchstäblich durch das Feuer gegangen. Jetzt war »Ich« noch da, aber anders. Alles andere benötigte ich nicht mehr. Meine Zukunft wartete.

Ich.

Vorsichtig steckte ich das Stück Papier in meine Hosentasche. Ich würde gut auf »Ich« aufpassen.

Zeit für Neues

Es war schon ganz selbstverständlich, nach meinen Einkäufen am Morgen bei Aris Stand vorbeizuschlendern. Fröhlich schwang ich meine Tüte mit frischem Feta, einem knusprigen Stück Bauernbrot, das mir die Bäckerin noch warm in die Hand gedrückt hatte, und einer Tafel dunkler Schokolade mit Nusssplittern. Ari begrüßte mich gar nicht erst, als er mich so kommen sah, sondern sagte direkt: »Na, heute geht es Ihnen besser, Marie.«

»Ja, das tut es.«

Nicht nur hatte mein kleines Feuerritual am Abend mir sehr gutgetan, sondern heute schien auch die Sonne an einem wolkenlosen Himmel, so, als hätte es den Regentag von gestern nie gegeben. Es tat gut, die Wärme auf meinem Gesicht zu spüren, während ich Ari entgegenblinzelte. Lächelnd betrachtete ich die Auslage von Tees und Tinkturen und Ölen, um zu schauen, ob Ari heute etwas Neues auf seinem Tisch anpries.

Ich grüßte den Mann am Stand nebenan, der mir gestern so freundlich den Weg zu Aris Haus gewiesen hatte, und er nickte gutmütig. Verrückt, dass das erst 24 Stunden her war.
»Ich muss leider darauf bestehen, Ari, dass wir heute wieder unseren Spaziergang durch den Wald machen«, sagte ich. »Treffen wir uns an unserer üblichen Stelle um zwei Uhr?«
»Na, da wird mir ja wohl nichts anderes übrig bleiben«, knurrte Ari, aber ich sah genau, wie sich die Lachfältchen am Rand seiner Sonnenbrille ausbreiteten.
Ich nahm eines der Teepäckchen vom Tisch, hielt es dicht an meine Nase und schnupperte. Mir war, als ob ich die Zitronenstücke darin riechen konnte. »Gestern Morgen während des starken Regens habe ich mich doch tatsächlich gefragt, ob es nicht doch ein Fehler war, hierherzukommen, aber jetzt ...« Verschmitzt lächelnd legte ich das Päckchen in meine Tüte und streckte Ari das Geld dafür hin.
Ari stützte sich auf seinen Gehstock, lehnte sich nach vorn, und ich hatte den Eindruck, als könnte ich seine tiefblauen Augen sogar durch die getönten Sonnenbrillengläser erkennen. »Ein Fehler, Marie? Ich habe in meinem Leben so viel aus meinen Fehlern gelernt, dass ich fest vorhabe, noch ein paar mehr zu machen.«

Als wir später unseren üblichen Weg einschlugen, erzählte ich Ari von meinem kleinen Feuerritual und davon, dass ich mich tatsächlich ein ganzes Stück befreiter fühlte.

Ari nickte zufrieden, wartete ein paar Schritte lang und fragte dann doch: »Und was treibt Sie heute um, Marie?«

Ich dachte daran, was Ari vorhin so leichthin als Scherz gesagt hatte. Und was mich daran beschäftigte.

»Die Fehler treiben mich doch noch um, Ari. Beziehungsweise das, bei dem ich mich frage, ob es ein Fehler war. Ich ... Ich habe das Gefühl, nicht zu wissen, was wahr war. War die Marie von damals richtig, die sich im Biergarten verliebt hat, oder die von heute, die jetzt weiß, wie Tim sich verhalten hat? War Tim schon immer so wie zuletzt, oder hat sich seine zurückgezogene Art nur langsam eingeschlichen? Und ... in den letzten Monaten war ich selbst gar nicht entspannt, weil ich sehr viel Stress in meinem Job hatte. Und gleichzeitig habe ich wohl schon gespürt, dass Tim sich immer mehr zurückzieht. Ich dachte, das sei etwas Normales – eine Phase, in der er einfach zurückhaltender ist, mit mir weniger spricht, so etwas gibt es ja vielleicht mal. Ich dachte wirklich, er würde sich schon wieder einkriegen und daran erinnern, wie wir früher miteinander umgegangen sind. Aber jetzt, wo ich den Grund dafür kenne, dass er sich so eingeigelt hat, frage ich mich: Hätte ich etwas anders machen sollen? War es ein Fehler, mich mit einem Buch zurückzuziehen, wenn er murrend beim Abendessen saß, hätte ich lieber den Teller von mir schieben und darauf bestehen sollen, dass er die Gabel weglegt und mit mir spricht?«

»Also die Suche nach den eigenen Fehlern.«

Ich rieb mir mit der flachen Hand über die Stirn. »Hatte die verliebte Marie von früher recht, die Tim wundervoll fand, oder erkenne ich erst jetzt, wer er wirklich ist? Welche Version stimmt denn nun?«

»Wieso muss denn eines von beidem stimmen? Wieso kann nicht beides richtig sein?«

Ich überlegte, ob beides gleichzeitig überhaupt möglich war. Ob ich überhaupt gedanklich begreifen konnte, wie das zusammenpasste. »Es kann nicht beides richtig sein, weil ich dann gar nicht weiß, was ich glauben soll.«

»Sie dürfen glauben, was Sie wollen.«

Ich sah ihn von der Seite an. »Das ist aber sehr unsicher.«

»Oder ziemlich befreiend.«

»Fühlt sich momentan eher nach freiem Fall an.«

Für ein paar Momente spürte ich dem nach, was Ari gerade gesagt hatte. Atmete ruhig, Schritt für Schritt, den Pinienduft um mich herum ein. War es wirklich Freiheit, zu glauben, was ich wollte? Was galt dann? Woran hielt ich mich dann fest? Was würde mir Führung und Leitung und Halt geben? Was wäre noch Gewissheit, was Sicherheit? Das chaotische Gefühl, das mir diese grenzenlose Freiheit vermittelte, mochte ich gar nicht.

»Marie, Sie dürfen glauben, was sie wollen. Und deswegen ist es Ihre eigene Entscheidung, ob Sie etwas Gutes und Mildes über Ihre Vergangenheit annehmen. Verstehen Sie? Ihre paradiesische Zeit nehmen Sie als paradiesisch wahr. Die schwierige Zeit mit Tim nehmen Sie als notwendiges Auf und Ab wahr. Wenn Sie hätten besser entscheiden können, hätten Sie es doch getan, nicht wahr?«

Überrascht blieb ich stehen. Nicht nur, dass er in wenigen Sätzen erklärt hatte, wie ich darüber denken konnte, ohne mich chaotisch zu fühlen. Er schien sich komplett sicher, dass ich das Beste getan hatte, zu dem ich fähig gewesen war, damals, im Biergarten, und auch später, mit einem Tim, der sich bereits innerlich verabschiedet hatte. Dass mein Handeln und meine Reaktion zu jedem Zeitpunkt richtig gewesen waren, weil sie gar nicht anders hätten sein können.

Immer noch perplex, versuchte ich zu formulieren: »Das klingt ja, als würden Sie mir total vertrauen, Ari. Mehr, als ich mir selbst vertraue.«

Ari winkte ab. »Es ist völlig normal, dass Sie in solch einer Zeit verunsichert sind. Und bis Sie sich wieder selbst vertrauen – und das ist, nebenbei bemerkt, ganz und gar essenziell – bis es so weit ist, übernehme ich das für Sie. Eine kleine Weile. Niemand muss ganz allein und immer stark sein.«

Dieser Satz traf mich mit voller Wucht. Niemand muss ganz allein und immer stark sein. Wieso verlangte ich es dann von mir? Hatte er sich Hilfe gesucht, als es seiner Frau schlecht ging? Sofort fielen mir Aris Standnachbar und alle anderen Dorfbewohner ein. Die freundliche Bäckerin. Der junge Verkäufer im Kiosk. Ja, wahrscheinlich hatte Ari, der sich in seiner Trauer furchtbar allein gefühlt haben muss, Unterstützung von all den Menschen um sich herum gehabt.

Was könnte ich wohl diesem fremden, weisen Mann zurückgeben, der mir hier gerade, einfach so und ungefragt, mit seinem Vertrauen ein riesiges Geschenk machte?

Ein kurzes Stück des Weges später erreichten wir wieder den Felsen, der uns als Bank diente und von dem aus wir den Blick über das Meer genießen konnten.

»Ich versuche noch, das in meinem Kopf klarzukriegen. Dann war es also richtig, zu denken, Tim sei der Mann, mit dem ich mein Leben verbringe, und jetzt ist es richtig, zu denken, dass er nicht der Richtige für mich ist?«

Ari wartete einen Moment, bevor er antwortete.

»Vielleicht hat es sich erfüllt.«

Ich antwortete leise: »Nein, der Traum der Beziehung, den ich hatte, hat sich nicht erfüllt.«

»So meinte ich das nicht. Ich meine eher, dass sich das erfüllt hat, was die Beziehung sein sollte. Dass sich in einem Kreis vollendet hat, wozu die Beziehung bestimmt war. Vielleicht – aber das können nur Sie entscheiden, Marie, ob Ihnen dieser Gedanke guttut – hat sich in dem Kapitel mit Tim alles erfüllt, wurde alles erzählt, und jetzt ist es Zeit für ein nächstes Kapitel in Ihrem Leben.«

Wie Ari darüber sprach, klang so neutral, so wenig von Schmerz behaftet. Er konnte das aus einer ganz anderen Perspektive betrachten, denn er steckte nicht mittendrin. Mittendrin im Herzschmerz, mittendrin in der Verwirrung. Mittendrin in dem Versuch, zu begreifen, was passiert war. Mittendrin in dem Übergang von einer Zeit in eine andere, die ich nicht kannte. Hatte sich wirklich erfüllt, wofür die Beziehung zwischen Tim und mir bestimmt gewesen war? Das klang so nach Vorsehung und Schicksal. Doch wenn ich versuchte, es aus Aris Augen zu betrachten – eine Geschichte zwischen zwei Menschen, die zu Ende erzählt war –, dann fühlte es sich nicht so bedrückend und schmerzhaft und verzweifelt an. Es war dann nur das, was es war: ein Ende. Vielleicht sogar ein Ende, das richtig war, so wie es war. Nicht vorzeitig, nicht plötzlich, nicht ungewollt. Ganz ohne Wertung war es, als ob die Geschichte auch keine Wucht mehr, kein endlos schweres Gewicht besaß. Wenn ich so auf Tim und mich blickte, dann fiel mir noch eine weitere Sache auf: Egal, ob ich an so etwas wie Schicksal glaubte oder nicht, wenn ich das, was passiert war, als etwas sah, das auf natürliche Weise geendet hatte, dann nahm es mir auch den Druck, dass ich etwas anders hätte machen können. Und auch den Druck, dass ich mir etwas anderes wünschen musste. Etwas anderes für meine Vergangenheit, etwas anderes für meine Zukunft.

Ich musste damit nicht an dem Bild festhalten, Tim und ich hätten miteinander alt werden sollen, damit wir auf eine gute Beziehung zurückblicken. Ich musste gar nicht daran festhalten, dass die Beziehung nicht hätte enden sollen. »Die Art, wie alles zu Ende gegangen ist, hätte ich mir anders gewünscht«, sagte ich nun, »aber ansonsten war es wohl gut so, wie es war.«

Bestimmt würde es in den nächsten Monaten immer wieder Momente geben, in denen ich mir das laut vorsagen musste, um es auch wirklich selbst zu glauben. Aber es würde seinen Zweck erfüllen: in Frieden von allem loszulassen. Nicht nur von Tim, sondern von meinen Vorstellungen, die dazu beitrugen, dass mein Gepäck schwerer war als nötig.

»... Und das heißt nicht, dass Sie nicht wertschätzen, was war«, fügte Ari hinzu.

Als wir uns aufmachten, wieder zurück ins Dorf zu gehen, atmete ich noch einmal tief den Geruch des Wäldchens ein. »Ari, Sie sind doch ein weiser Mann. Was glauben Sie«, sagte ich halb im Scherz, halb ernst, »werde ich je wieder so glücklich sein, wie ich früher war?«

»Sollten Sie anstatt zurück nicht lieber nach vorne wollen? Schließlich sind Sie inzwischen an Erfahrung viel reicher. Na ja, und zurück geht ja auch gar nicht.«

»Aber – ich weiß nicht, wie glücklich ich in der Zukunft sein kann. Ich weiß gar nicht, wer ich da bin. Wer ist die Marie, die allein, aber glücklich ist?«

Ari betrachtete mich von der Seite. »Das klingt, als hielten Sie so eine Version für absolut unmöglich.«

Ich schwieg. Natürlich tat ich das. So viele Jahre hatte ich mir eine schöne Beziehung gewünscht, und dann war sie mit Tim ganz mühelos in mein Leben gekommen. Ich hatte davon geträumt, dass wir beide zusammen beruflich mehr Erfolg hätten, mehr reisen würden, gemeinsam Orte und Dinge ausprobieren würden, die auf unserer Wunschliste standen, dass wir gemeinsam älter werden würden, graue Haare belächeln und Händchen haltend am Strand spazieren gehen würden. Vielleicht sogar an so einem Kieselstrand wie dem hier in diesem Dorf.

Die schöne Beziehung hatten wir zumindest für eine Weile gehabt, hatte ich mir eingebildet, denn jetzt im Nachhinein, aufgrund der Art und Weise, wie alles auseinandergegangen war, war ich mir nicht mehr so sicher. Den beruflichen Erfolg hatten wir in Ansätzen zwar erlebt. Aber das schmeckte irgendwie bitter. Denn Tim hatte viel zu viel gearbeitet, ich hatte keine Zeit mehr für ihn gehabt, und letztendlich hatte er bei der Arbeit, bei der Kollegin, wohl etwas gefunden, was er bei mir nicht hatte finden können.

Ari deutete meine Stille wohl anders.

»Wissen Sie, viele unserer Gedanken haben wir aus Gewohnheit. Wir denken jeden Tag das Gleiche. Das Wetter ist heute nicht so schön, nachher muss ich noch einkaufen gehen, die Kollegin bei der Arbeit nervt. So etwas in der Art. Und da ist es ganz normal, dass Sie es gewohnt sind, an die Marie-Version zu denken, die Sie in der Beziehung gewesen sind. Gedanken an Tim zu haben, die Sie sonst ja auch jeden Tag hatten. Die Dinge, die man sich alltäglich sagt oder per Nachricht schreibt, die kann man plötzlich niemandem mehr sagen. Es ist ein sehr seltsames Gefühl. Ich kenne das.«

Ich sah ihn an. Wie musste es Ari wohl gehen, wenn er so viele Jahre mit seiner Frau zusammen gewesen war und jetzt niemanden mehr hatte?

»Mit wem sprechen Sie, wenn Sie sich mitteilen wollen, Ari?«

»Mit den Menschen im Dorf, mit den Käuferinnen am Marktstand. Mein Nachbar hat einen erwachsenen Sohn, der sich für die Tees und Kräutertinkturherstellung interessiert. Mal sehen, vielleicht mache ich ihn eines Tages zu meinem Assistenten.«

»Ein Assistent.« Ich erwiderte Aris Lächeln. »Das klingt wichtig, Ari.«

»Ja, meine Mutter wäre begeistert gewesen. Dass ihr Aristoteles, der nicht von der Familie Onassis abstammt, mal einen Angestellten haben wird.«

»Also ist das eine Zukunftsversion des Aris, an den Sie denken? Einen mit einem Assistenten?«

»Ich versuche, nicht zu oft an die Vergangenheitsversion des Aris zu denken, verstehen Sie? Das darf ich natürlich, wenn ich möchte, aber wir können nicht zurück. Wir können immer nur einen Schritt vor den anderen setzen. Stillstand gibt es nicht. Es ist unweigerlich, dass wir uns verändern, dass die Menschen um uns herum sich verändern, dass sich die Natur verändert ... Versuchen Sie nicht, sich an etwas festzuhalten, das weiterzieht wie eine Jahreszeit. Und Ihnen, Marie, steht der Sommer ja erst noch bevor.«

Eine Weile gingen wir schweigend nebeneinander her. Schließlich erreichten wir wieder die Dorfzeile, wo wir uns üblicherweise verabschiedeten. Heute aber hatte ich noch etwas auf dem Herzen:

»Ari, wenn ich versuche, mir mein Leben in der Zukunft vorzustellen, ist da nur überhaupt kein Bild. Die Leinwand bleibt weiß. Und da regt sich auch gar nichts. Ich habe keine Ahnung, was ich für die nächste Marie-Version möchte. Was ihr guttun würde. Welchen nächsten Schritt sie machen sollte.«

»Keine Bange, Marie. Sie haben doch einen roten Notizbuch-Ferrari. Der bringt Sie dorthin, zu den Gedanken, die Sie suchen. Ich habe eine Aufgabe für Sie: Fragen Sie Ihre zukünftige Version, was geschehen ist. Warten Sie, ich erkläre es Ihnen: Nehmen Sie sich in Ruhe Zeit und setzen Sie sich an den Schreibtisch. Entspannen Sie sich wie bei einer Meditation. Und dann fragen Sie Ihre zukünftige Version, was es ist, was sie innerhalb des kommenden Jahres glücklich gemacht hat, was sie getan hat, wie sie dorthin gekommen ist. Denken Sie nicht darüber nach, was Sie da schreiben. Lassen Sie einfach die Worte durch sich hindurch, setzen Sie den Stift nicht ab. Es ist völlig egal, ob das, was da steht, Sinn ergibt oder nicht. Sie müssen auch nicht auf Grammatik achten, Sie müssen diesen Text nie jemandem zeigen. Und dann fragen Sie auch noch die Version von in fünf Jahren, ab heute gerechnet. Schreiben Sie einfach nur. Es lohnt sich, das Aufgeschriebene dann später nachzulesen. Was hat mir diese Marie denn damals gesagt? Lesen Sie es direkt danach durch, aber auch in einigen Monaten, in einem Jahr. Sie werden erstaunt sein.«

Für mich klang es eher so, als würde ich mich damit selbst austricksen. Wie sollte da etwas zu Papier kommen, falls mir überhaupt nichts einfiel zu meiner Zukunft, egal, wie sehr ich mich anstrengte? Ich zweifelte sehr daran, dass das eine gute Übung war.

»Hat Ihnen der Ari von in einem Jahr etwas gesagt? Wie wird Ihr Leben?«

»Dieser Ari hat noch viel zu tun. Neue Tees zusammenstellen, den Assistenten anlernen. Aber der Ari in fünf Jahren hat etwas davon gesagt, dass dieser Assistent ein Händchen dafür hat, online den Tee zu verkaufen. Über«, Ari wedelte mit seinem Gehstock, »über die sozialen Medien, irgend so ein Zeugs. Dass Menschen in der ganzen Welt diesen Tee bestellen werden wollen. Dieser alte Ari mit seinem Tee wird wohl noch so einiges erleben. Wer weiß. Ich lasse mich überraschen.«

Das zauberte mir ein Lächeln auf die Lippen. Ich hatte mit so einer Wendung in Aris Geschichte gar nicht gerechnet, und er selbst wohl auch nicht. Jetzt ging ich schon leichteren Fußes zurück zu meiner Wohnung. Welche Ideen wohl die Marie in fünf Jahren für mich haben würde?

Brief aus der Zukunft

Am Nachmittag schien die Sonne mit voller Kraft und der Kieselstrand war diesmal nicht völlig menschenleer. Als ich mir mit meinem Handtuch einen geeigneten Platz suchte, kam Annika gerade aus dem Wasser, schüttelte ihre Haare, winkte mir zu und ging dann zu ihrer Ferienwohnung. Ich blickte weiter umher. Kim saß auf ihrem Stuhl auf der Terrasse, die Augen fest geschlossen, den Körper total entspannt. Sie hielt wohl gerade einen Mittagsschlaf. Ich stützte mich mit den Händen ab, Beine lang ausgestreckt Richtung Meer, und betrachtete die Wellen. Genoss die Wärme der Sonne auf meiner Haut. Immer wieder musste ich lächelnd den Kopf schütteln, wenn ich mir vorstellte, wie Ari einen jungen Assistenten anlernte.

Wie würde der wohl mit Aris manchmal ruppiger Art zurechtkommen? Hätte der junge Kerl vielleicht Angst vor ihm? Wie würde sich Ari wohl damit fühlen, wenn das Verkaufen von Tees und Tinkturen plötzlich nicht mehr bedeutete, nur noch an einem Tisch in einem kleinen Dorf zu sitzen? Oder vielleicht würde er genau das immer tun, während der Assistent sich um alles andere kümmerte? Schließlich hatte Ari genau diese ruhige Lebensart nach vielen Jahren als Apotheker selbst gewählt. Je mehr ich daran dachte, dass Ari diesen Impuls zu einem Assistenten in einer Schreibübung bekommen hatte, desto unruhgier wurde ich selbst. Was würde in meiner Zukunft passieren? War es nicht seltsam, einen Rat von einer ausgedachten, zukünftigen Version seiner selbst zu erhalten? Aber es half ja nichts, sich in Gedanken darüber zu verfangen wie ein Fisch in einem Netz. Ich konnte nicht hier passiv herumsitzen, ich musste aktiv etwas tun. Und Aris Aufgabe, diese Schreibübung zu absolvieren, ernst nehmen. Ich ging die paar Meter zurück zu meiner Unterkunft, holte mein ferrarirotes Notizbuch und meinen Stift, und kehrte wieder zurück zu meinem Handtuch. Entschlossen setzte ich mich, starrte auf die Wellen und atmete einmal tief ein und wieder aus. Einige Momente später saß ich immer noch untätig mit meinem aufgeschlagenen Notizbuch da. Es war ein bisschen unbequem, so zu schreiben, mit dem Buch auf den Knien, hier auf meinem Handtuch. Ich versuchte, die Gedanken an die piksenden Kiesel-

steine, die ich doch deutlich darunter spüren konnte, wegzuscheuchen.
»Na los, Marie, nun schreib schon!«
»Liebe Marie«, begann ich. Dann schrieb ich erst einmal – nichts. Das war doch eine seltsame Übung. Was, wenn sie bei mir gar nicht funktionierte? Ich blickte weiterhin hinaus aufs Meer und registrierte, wie meine Gedanken sich überschlugen. Das ist doch lächerlich, wie du hier sitzt. Vielleicht war Aris Rat diesmal doch zu kauzig. Oder vielleicht klappt es nur bei dir nicht, alle anderen können das gut.
Kurz schloss ich die Augen und befahl dieser doch sehr unfreundlichen Stimme in meinem Kopf, still zu sein. Dann öffnete ich die Augen wieder. Und plötzlich sah ich. Nahm ich wahr, in welchem Rhythmus die Wellen an das Ufer schwappten. Sah, wie blau das Wasser, wie blau der Himmel war. Sah die Konturen der Steine, die im Wasser der Welle verschwanden und wieder auftauchten. Hörte das Rauschen. Und begann, im Einklang mit den Wellen zu atmen. Ein und aus. Ein und aus. Ein und aus. Dann setzte ich den Stift an und schrieb:

Liebe Marie,
es geht mir gut. Sogar sehr gut.
Es ist fünf Jahre später, und es sind Dinge geschehen, von denen du jetzt noch nicht einmal etwas ahnst. Lass mich dir nur so viel sagen:
Ich lache wieder. So richtig, ganz tief aus dem Bauch.
Ich liebe wieder. Auch wenn ich dir die Einzelheiten dazu nicht verraten kann, wisse nur so viel: Ich bin glücklich. Sehr sogar. Und es ist nicht dieses Glück, das wie im Fernsehen aussieht, als ob du über eine Wiese springst und nur fröhlich bist und nur die Sonne scheint. Dieses Fernsehglück ist

nicht echt, und es fühlt sich schwierig an, es zu erreichen, weil es in Wirklichkeit nur eine Illusion ist.

Es ist anders, als ich dachte: Ich bin glücklich, weil ich tief lachen und tief weinen und tief fühlen kann. Ich bin glücklich, weil ich Freude erlebe und Trauer und Frieden und Abenteuer. Ich bin glücklich, weil ich mutig genug war, mein Herz wieder zu öffnen und all diese Dinge zuzulassen, vor denen ich mich zugegebenermaßen eine Weile gefürchtet habe. Und das ist okay. Lass dir Zeit, Marie. Aber ich wollte dir danken. Denn ich kann wieder lachen und lieben, weil du mutig warst. Weil du mutig genug warst, in den Flieger zu steigen und auf eine Insel mit lauter fremden Menschen zu gehen und dich mit einem weisen alten Mann zu unterhalten und das, was du da gelernt hast, tatsächlich im Gepäck mit nach Hause zu nehmen. Weil du den Mut hattest, verletzlich zu sein. Weil du den Mut hattest, diesen Weg zu gehen, der dazu geführt hat, dass ich – wir – jetzt dort sind, wo wir fünf Jahre später sind. Du würdest es mir nicht glauben, Marie, wohin dich das Leben noch verschlägt. Aber eins verspreche ich dir: Es ist wunderwunderschön. Steig noch ganz oft in den Flieger. Trau dich. Es wird sich lohnen.«

Ich ließ den Stift sinken und tauchte wie aus einem Traum auf. Hatte ich gerade zwei Seiten gefüllt, ohne richtig zu merken, womit? Meine Handschrift war ganz hastig und schräg, sie wirkte auf mich fremd und fast so, als hätte gar nicht ich das geschrieben, was da automatisch aus meinen Fingern geflossen kam.

»Liebe Marie, es geht mir gut.«

Mein Herz klopfte. Es hatte geklappt. Ich hatte wirklich mein zukünftiges Ich sprechen oder vielmehr schreiben lassen. Wort für Wort las ich durch, was ich da eben zu Papier gebracht hatte. Die zukünftige Marie hatte mich doch tatsächlich mutig genannt. So fühlte ich mich gar nicht, nichts von dem, was ich hier tat, fühlte sich nach Mut an. Ich hatte immer geglaubt, mutige Menschen seien angstfrei und stark wie ein Löwe und schüttelten alles ab, was ihnen Negatives widerfuhr. Aber eine Version von mir sah das wohl anders. Die zukünftige Marie fand wohl mutig, dass ich die Dinge mit einem ängstlichen Gefühl tat, verletzt, unsicher, und trotzdem den nächsten Schritt auf meinem Weg machte.

Vorsichtig klappte ich mein Buch zu, als hätte ich eine besonders schöne Blume zum Pressen zwischen die Seiten gelegt. Hier war ein kleiner Schatz, den ich sicherlich immer wieder hervorholen und durchlesen würde. Bis fünf Jahre um waren und ich wissen würde, was genau passiert war. Und warum ich das, was noch in meiner Zukunft lag, als wunderwunderschön bezeichnet hatte.

Ich fühlte mich ruhig und zufrieden, aufgetankt von der Sonne und von hoffnungsfrohen Gedanken, als ich meine Wohnung wieder betrat. In diesem Moment bekam ich eine SMS von Julia. Sie fragte nach, wie es mir ging. Auch wenn ich ihr nicht direkt erzählen würde, dass ich gerade mein zukünftiges Ich befragt hatte – das würde ich mir für einen Abend bei Rotwein zurück in München aufheben –, beschloss ich kurzerhand, mich jetzt in den Sessel in der kühlen Ferienwohnung zu kuscheln und mit Julia ausgiebig zu plaudern. Ich rief sie direkt zurück und sie bestand darauf, mehr von meinen Tagen hier zu erfahren. Sie fragte auch, ob ich schon Genaueres über die Wohnungssituation in München wusste.

Das gab es ja auch noch! Ich würde mich noch entscheiden müssen, wo in München ich wohnen möchte. Wie groß die Wohnung sein sollte. Und all diese Dinge, die ich bei Meeresflimmern und Sonnenglitzern zwischendurch vergessen hatte. Ich gestand Julia, dass ich diesbezüglich noch völlig ahnungslos war.

»Es ist aber nicht nur das mit der Wohnung ... Dieses Gefühl der Unwissenheit zieht sich so durch. Ich weiß nicht, was ich will und mit wem ich zusammen sein will und wie ich mein Leben gestalten möchte, jetzt, wo ich es nicht mehr mit dem Menschen gestalten kann, den ich mir immer dazu vorgestellt hatte, weißt du? Zum Beispiel ... Ist die Marie, die alleine lebt, immer noch eine Kaffeetrinkerin? Lese ich allein auch die Zeitung, ohne mit jemandem zu besprechen, was drinsteht? Und eben auch: Wenn ich schon all das anzweifle, dann eben auch das, was ich bisher jeden Tag mit völliger Selbstverständlichkeit getan habe. Ich meine, Julia, ich frage mich manchmal: Bin ich zu der Fotografin geworden, die ich werden wollte? Und will ich die heute immer noch sein?«

Ich vermutete, dass Julia gerade verständnisvoll nickte, denn es entstand eine kurze Pause.

Dann sagte sie: »Es hat eben dein ganzes Leben komplett auf den Kopf gestellt, stimmt's? Nicht nur dein Liebesleben. Denn das ist ja doch mit allem verwoben. Gibt es denn etwas, irgendetwas, das du mit Sicherheit weißt?«

Ich schüttelte den Kopf. »Nicht wirklich.« Nichts fühlte sich mehr sicher an. Nicht einmal hier und jetzt.
»Dann gibt es nur eins: Du musst es ausprobieren. Den Kaffee und die Stadt und die Art, wie du gerne deine Zeitung liest. Immer wieder neu. Bis du findest, was wirklich und ehrlich zu dir gehört.«
Ein Lächeln breitete sich auf meinem Gesicht aus. »Das hast du schön gesagt.« Ausprobieren. Sofort fühlte ich mich an den Mut erinnert, von dem mein zukünftiges Ich gesprochen hatte. Diese Art von Mut, die sich gar nicht mutig anfühlte, während man etwas tat. In einen Flieger zu steigen, beispielsweise.
»Sag mal«, begann ich und spürte, wie ich bei dem Gedanken ganz kribbelig wurde, »kannst du vielleicht doch schauen, ob sich das eine Ticket für Tokio auf meinen Namen umbuchen lässt?«

Gehen und reden

Am frühen Abend setzte Kim John und mich in Nikiana am Hafen ab, wo das Meer so intensiv roch, dass ich das Salz fast auf meiner Zunge schmecken konnte. Zu dieser Tageszeit war es hier nicht ganz so geschäftig wie vor ein paar Tagen, bei unserem »missglückten« Ausflug, der zu der paradiesischen Bucht hätte führen sollen.

John steuerte eine neue Taverne an, die er unbedingt ausprobieren wollte. Wir setzten uns an einen der Holztische, die draußen unter einem weißen Leinenbaldachin standen. Die Tischdecken, die Platzsets und die Kissen waren in Beige und Weiß gehalten, was Ruhe ausstrahlte und sich schön vom blauen Himmel abhob.

Wir bestellten Fisch und gegrilltes Gemüse, eine kleine Karaffe Weißwein für uns beide, und glitten in der ruhigen Abendstimmung ganz mühelos in ein Gespräch.

John erzählte von seiner Heimatstadt Exeter in England und wie er in Devon aufgewachsen war, wie anders der Strand und die Klippen und das Meer dort waren.
Ich berichtete ihm von München, dass ich eine neue Wohnung suchte und eine Anzeige aufgegeben hatte. »Es fühlt sich ein wenig seltsam an«, gestand ich, »aber im Moment kann ich mir noch gar nicht vorstellen, in welchem Stadtteil ich gerne leben möchte.«
»Liegt denn alles so, dass du deine Arbeitsstelle immer gut erreichst?«
Ich zuckte mit den Schultern. »Ich arbeite als Freelancerin, deswegen bin ich sowieso oft unterwegs. Entweder in den Agenturen, für die ich fotografieren soll, beim Briefing, oder ich bin vor Ort in einem Studio. Und die Bildbearbeitung mache ich von zu Hause aus. Ich würde also nicht irgendwohin ziehen, wo es keine S- oder U-Bahn-Verbindung gibt, aber davon abgesehen bin ich ziemlich ortsunabhängig.«
John zog die Augenbrauen hoch. »Oh! Du bist Fotografin?«
»Ja!« Ich legte meine Gabel beiseite. »Warum bist du denn so überrascht?«
Nachdenklich kaute er seinen Bissen zu Ende, dann sagte er: »Hm, stimmt, das ist wahrscheinlich ein Klischee. Ich hätte erwartet, dass du dann immer mit einer Kamera unterwegs bist. Ich meine …« Er zeigte mit seinem Messer Richtung Meer und sagte: »Die Aussicht ist manchmal so atemberaubend, dass ich sie am liebsten festhalten will. Deshalb bin ich davon ausgegangen,

dass ein Profi sie fotografieren würde. Aber wahrscheinlich willst du einfach mal Pause von deinem Arbeitsalltag.«

»Ja«, flunkerte ich. »Und außerdem ist meine Kamera wirklich groß und wertvoll. Ich hatte Bedenken, die Canon mit an einen Strand zu nehmen.«

Das war das, was ich mir auch selbst erzählte. Die Wahrheit aber war, dass ich noch nicht einmal meine Kompaktkamera eingepackt hatte. Die, die ich liebevoll meine Hosentaschenkamera nannte und im Urlaub sonst immer dabeihatte. Und das lag nicht nur daran, dass es diesmal vor allem darum ging, meinen Herzschmerz zu heilen, und ich deshalb keine Fotos machen wollte. Es hatte auch damit zu tun, dass ich mich immer wieder fragte, wer ich eigentlich war. War ich noch die Marie, die damals mit Tim zusammengekommen war? Die dann unbeschwert und hoffnungsfroh durchs Leben ging? Die sich nie hatte vorstellen können, dass Tim mal so etwas tun würde? Die mal den Traum hatte, mit Tim alt zu werden, und eben auch den Traum, mit ihrer Fotografie etwas Besonderes in die Welt zu bringen?

Irgendwie und irgendwo war ich von diesem Weg abgekommen, und immer wieder versuchte ich, herauszufinden, an welcher Gabelung ich falsch abgebogen bin. Welcher Schritt hatte mich von Tim so weit weggeführt, dass ich ihn jetzt kaum noch kannte? Welcher Schritt hatte dazu geführt, dass ich mich gleichzeitig von meinem Beruf so ausgebrannt fühlte, dass ich schließlich gar keine Lust mehr darauf hatte, Bilder zu schießen?

Aber das hier war John, und er hatte mich bereits in Tränen aufgelöst gesehen – und dabei sehr umsichtig reagiert. Ich traute ihm zu, das auch jetzt zu tun, wenn ich ehrlich zu ihm war.

Ehrlich. Ehrlichkeit war etwas, das ich mir mit Tim in den letzten Monaten viel mehr gewünscht hätte, auch wenn sie unangenehm, schwierig oder auch nur diffus gewesen wäre. Es war Zeit für mehr Ehrlichkeit.

Ich schob meinen leeren Teller von mir. »Weißt du, John, ich kann es noch gar nicht so richtig greifen, aber mir ist gerade überhaupt nicht nach Fotografieren. Nicht nur jetzt, in diesem Urlaub, meine ich. Sondern auch zu Hause, in meinem Job. Irgendwie ist gerade die Luft raus.«

John nickte. »Es ist sicher nicht so leicht, sich immer kreativ zu fühlen. Wenn das Hobby, das man liebt, zum Beruf wird ...« Jetzt lächelte er. »... kann das ganz schön in Arbeit ausarten. Das ist beim Yoga ganz ähnlich. Früher konnte ich es kaum erwarten, ins Studio zu kommen. Heute bin ich froh, wenn ich mal einen Tag nicht unterrichten muss.« Mit einem Seitenblick fügte er hinzu: »Also, das betrifft natürlich nicht eure Gruppe!«

Ich schmunzelte und schenkte ihm etwas Wein nach. »Nein, nein, ist schon okay! Genau das ist das Gefühl. Vielleicht, weil dann Arbeit und Freizeit gar nicht mehr richtig getrennt sind.«

»Oder weil etwas Künstlerisches wie Fotografieren nun mal Kunst ist und einen gewissen kreativen Freiraum braucht.«

»Oder weil man manchmal einfach eine schlechte Zeit hat, nur fällt das in anderen Berufen nicht so auf.«

Wir lächelten beide. Wie es wohl wäre, jetzt eine Kamera herauszuholen und die Promenade voller Lichter und die kitschigen Tischbeleuchtungen der anderen Restaurants zu fotografieren? Oder wie es wohl wäre, John zu fotografieren, dessen Gesicht im orangefarbenen Abendlicht halb in den Schatten getaucht war, was sein kantiges Kinn noch stärker hervorhob?

Wir zahlten und brachen zu dem langen Spaziergang nach Hause auf. Es tat gut, in der kühler werdenden Abendluft einfach einen Fuß vor den anderen zu setzen. Nachdem wir die leuchtenden Lichter und die inzwischen trubeligen Tavernen am Hafen hinter uns gelassen hatten, folgten wir einem kleinen Sträßchen nicht weit vom Ufer. Die untergehende Sonne tauchte die Steine und Gräser, die Wellen und Vögel in ein zinnoberrotes Licht. John und ich verfielen in einen Gleichschritt.

»Ich arbeite viel für Werbeagenturen bei Fotoproduktionen, das bedeutet dann immer Zeitdruck und ist ziemlich stressig. Manche verlassen sich darauf, dass ich die gesamte Produktion leite, also auch noch Deko besorge, Studios buche und so weiter, obwohl das streng genommen nicht meine Aufgabe ist. Dabei fotografiere ich dann so ziemlich alles – Autos, Essen, Kosmetik, aber zurzeit am meisten tatsächlich Möbel. Ursprünglich, so ganz am Anfang vom Studium und direkt danach, wollte ich einfangen, wie Licht und Schatten auf den Gesichtern von Menschen alles verändern. Habe meine Abschlussarbeit über verschiedene Arten von Porträts gemacht, obwohl das für die Fachrichtung Grafikdesign ungewöhnlich war. Aber deswegen hat es mir eine Weile auch so großen Spaß bereitet, an meinen Wochenenden Hochzeiten und Taufen zu fotografieren. Ich konnte gut beobachten und den richtigen Moment einfangen, der in einem Gesicht alles zeigt.«

»Konnte?«

»Konnte ... Vergangenheitsform. Heute weiß ich manchmal nicht ...«

Ich sprach den Satz nicht zu Ende. Ging still einfach Schritt für Schritt neben John weiter. Im Grunde musste ich mir eingestehen: Ich wusste nicht nur nicht, wie ich mein Herz heilen konnte. Ich wusste nicht einmal mehr, wer ich war. Und was ich wirklich wollte.

»Ja«, sagte John nur, als hätte ich meinen Satz beendet. »Vieles nicht zu wissen, das ist in so einer Heilungsphase ganz normal.«

Noch mehr als sonst war ich John so dankbar, dass ich nicht viel erklären musste. Und dass es sich anfühlte, als würde er mich einfach so nehmen, wie ich gerade war: unsicher, unglücklich, unerfahren. Er erwartete nur von mir, dass ich hier weiter einen Schritt vor den anderen setzte, während ich neben ihm herging.

Ich sog tief die kühlere Abendluft ein. »Es tut gut, mit dir hier spazieren zu gehen.«

»Ja«, nickte er. »Mir auch.«

Das gab mir neuen Mut, einfach weiterzureden.

»Ich träume nicht mehr ... Ich meine, nicht nur nachts. Kennst du das? Zurzeit sind meine Nächte vor allem irgendwie – schwarz. Ich falle unvermittelt in tiefen Schlaf und wache genauso plötzlich wieder auf, meistens ohne mich besonders ausgeruht zu fühlen. Ich träume aber auch nicht mehr von schönen Dingen in meiner Zukunft. Wunschträume. Es ist, als wäre ich vorsichtig geworden, so etwas überhaupt zu denken.« Für ein paar Meter gingen wir schweigend nebeneinander her. Dann fasste ich mir ein Herz und fuhr fort: »Manchmal denke ich, es war zu naiv. Zu naiv, zu denken, Tim und ich könnten gemeinsam glücklich werden –«

»Na ja, eine Zeit lang wart ihr das auch, oder? Sieben gemeinsame Jahre sind noch nicht nichts.«

»Aber genau so fühlt es sich an. All die Hoffnung. All das Verliebtsein. Die Träume – wo ist das hin? Und jetzt – jetzt träume ich nicht mehr. Ich träume nicht mehr davon, mit Tim alt zu werden, weil ich es nicht träumen kann. Aber ich weiß auch nicht, was ich stattdessen träumen soll. Vielleicht gibt es das gar nicht, was ich mir wünsche. Das Glücklichsein, wie ich das dachte.«

Es war ein bisschen peinlich, das auszusprechen, und ich war froh, dass John in der Abenddämmerung bestimmt nicht sehen konnte, wie mir eine leichte Röte ins Gesicht stieg. Wahrscheinlich war es genau die beginnende Dunkelheit, die dazu führte, dass ich hier meine tiefen Gedanken vor jemandem auspackte, den ich kaum kannte. So, als ob sie im Tageslicht wieder verschwinden würden und das Gesagte wieder vergessen wäre. Wahrscheinlich trug auch Johns wunderbar ruhige Art dazu bei, dass ich hier immer weiterquasselte und davon ausging, dass er nicht abschätzig von mir denken würde, wenn ich ihm all das offenbarte, was ich selbst noch nicht recht verstand. »Und deswegen, ich weiß nicht genau, wie es verknüpft ist, aber auf eine seltsame Art und Weise hat es mit allem zu tun, deswegen habe ich auch aufgehört zu fotografieren. Ich meine natürlich nicht aufgehört. In meinem Job muss ich die ganze Zeit fotografieren. Es ist nur ... Nicht nur, dass ich keinen Antrieb mehr verspüre, keine Kreativität. Früher habe ich gesehen, verstehst du? Ich habe Momente gesehen, die Geschichten erzählen. Habe gesehen, wie sich Licht und Schatten verändern und wo genau ein einzigartiges Motiv einzufangen wäre. Ich konnte schon fast spüren, wann ich auf den Auslöser drücken muss.«

»Ja, das glaube ich.« Ich konnte hören, dass John dabei lächelte. Mit tief in die Hosentaschen gesteckten Händen lief er neben mir her, sah mich von der Seite an. Der Blick aus seinen grau-grünen Augen tat gut. »Irgendwann möchte ich unbedingt mal eines deiner Fotos sehen.«

Und weil ich darauf nichts antwortete, sondern nur dankbar und still blieb, fuhr John fort: »Du bist gerade viel stärker, als du denkst, Marie, weißt du? Es ist doch völlig in Ordnung, wenn das momentan alles im Nebel liegt. Einfach weitermachen, würde ich sagen. Der Nebel wird sich lichten, glaube ich. Manchmal denkt man, die Nacht, in der man die Hand vor Augen nicht sieht vor lauter Dunkelheit, wird nie aufhören. Aber irgendwann wird es doch wieder Morgen.«

Dann fügte er in einem lockereren Ton hinzu: »Okay, das klingt jetzt vielleicht so, als wüsste ich das alles. Es ist nur so, dass es mal eine Zeit gab, als ich mich auch gefragt habe, wer ich eigentlich bin. Und das hat sich ganz ähnlich angefühlt, wie du es beschreibst. Ich habe Lehramt studiert, weil meine Eltern beide Lehrer sind. Früher hatte ich das gar nicht infrage gestellt und immer gedacht, ich liebe es, zu unterrichten. Doch je länger ich über den Büchern saß und gepaukt habe, je klarer mir wurde, dass ich vor allem mit Texten und Regeln und Lehrplänen anstatt mit Menschen zu tun haben würde, desto verunsicherter wurde ich. Yoga kam erst später in mein Leben und damals habe ich überhaupt nicht daran gedacht, das irgendwie zu meinem Beruf zu machen. Es hat ziemlich lange gedauert, bis mir bewusst geworden ist, dass ich das nicht nur total gern mag, sondern sogar unterrichten könnte. Ehrlich gesagt war es ein Freund auf einer Party, der mich darauf hinwies, dass ich von nichts anderem mehr geredet habe als Asanas, Körperbewusstsein und Yogalehren.« John fuhr sich mit der Hand durchs Haar. »Es hat ganz schön viel Mut gebraucht, das vermeintlich sichere Lehrerdasein aufzugeben und Vollzeit-Yogalehrer zu werden und so mein Einkommen zu verdienen. Und dann auch noch dabei zu reisen. Seltsamerweise hat mich das doch wieder zurückgeführt zu meinen Ursprüngen, dem Unterrichten. Jetzt bin ich doch Lehrer geworden, nur nicht für Erdkunde und Englisch.«

»Erdkunde! Du würdest vor ein paar lustlosen Siebtklässlern stehen und etwas über die Kontinente erzählen, John.« Ich lachte.

»Unglaublich, oder?«

Es war schwer, sich John nicht inmitten von Sonne, Strand und Meer vorzustellen, sondern als Student in einer dunklen Bibliothek, über ein dickes Buch gebeugt, an der Welt zweifelnd. Die Ruhe und Gelassenheit, die John jetzt ausstrahlte, war das Ergebnis einer langen Findungsphase.

In der Ferne vor uns konnte ich die Lichter der Dorfzeile als winzige Fleckchen erkennen. »Ich weiß, wie nutzlos diese Frage ist, aber die ganze Zeit frage ich mich, wann es anders sein wird. Wann werde ich denn wissen, was ich machen möchte? Wann …«

»Wann tut es nicht mehr weh?«, vervollständigte John meinen Satz.

Ich nickte. »Wie dumm, oder? Dass ich nicht aufhören kann, mich das zu fragen.«

»Oder menschlich eben.«

Ich pikte ihn mit dem Zeigefinger in die Seite. »Warst du immer schon so verständnisvoll?«

»Nein.« Er lachte.

»Danke, dass du es jetzt bist.«

»Ich sag dir was. Wir wiederholen so eine Miniwanderung irgendwann einmal. Und dann wirst du mir erzählen, wie die Antwort auf deine Frage war. Vielleicht aber nicht unbedingt hier ... Ich werde in einem Monat in Zürich einen Wochenend-Workshop geben. Ein Yogastudio hat mich als Lehrer eingeladen, und ich wollte die Stadt schon immer mal kennenlernen. Komm doch auch zu diesem Workshop, von München nach Zürich, und dann gehen wir dort einen Kaffee trinken. Keinen griechischen. Sondern einen, der ganz genau so ist, wie du ihn dann gern magst.«

»Du erinnerst dich!«

Seine Augen funkelten. »Also, was sagst du dazu?«

Zufrieden betrat ich meine Wohnung. Der Abend hatte wirklich gutgetan. Auch, wenn ich noch nicht wusste, ob ich John in Zürich besuchen wollte, war ich doch gerade sehr dankbar über diese Art der Freundschaft. Dass ich einfach hatte sagen können, was mich bedrückte. Dass ich sagen konnte, ich würde mir das mit Zürich erst noch überlegen. Ganz ähnlich, wie ich das bei Julia immer tun konnte. Spontan beschloss ich, ihr gleich eine Nachricht zu schreiben und ihr davon zu erzählen. Gleich, wenn ich mir einen Tee gemacht hatte und mich ins Bett kuscheln würde.

Ich zog eines von Aris Päckchen von meinem kleinen Küchenregal und betrachtete es. Das Etikett war so liebevoll gezeichnet, ein mit dünnen, schwarzen Strichen illustrierter Lavendel und noch zwei weitere Kräuter, die ich nicht bestimmen konnte. Dazu in sorgfältiger Handschrift die Worte »Gute-Nacht-Tee« auf Englisch und auf Griechisch. Alles sah schlicht und natürlich aus. Ich suchte in den Schubladen nach einem kleinen Sieb, das ich in meine Tasse hängen konnte, während ich mir gedankenverloren vorstellte, wie ein junger Ari ohne Bart und eine hübsche Frau zusammen diese Etiketten gestaltet, sich diese Namen ausgedacht hatten. Als ich Tee in den Topf schüttete, fielen ein paar der Kräuter daneben, purzelten über die Arbeitsfläche bis zur Tasse. Im ersten Moment fluchte ich leise, denn diese kostbaren Kräuter waren ganz und gar nicht das kleine, trockene, braune Zeug, das es in Teebeuteln in Deutschland zu kaufen gab, sondern teilweise ganz belassene Blüten und Spitzen, die man noch als die Pflanzen erkennen konnte, die sie waren. Der Duft von Lavendel breitete sich aus, der Dampf stieg aus dem Topf auf. Vorsichtig stellte ich die Packung ab und wollte schon mit den Händen die verschütteten Kräuter aufwischen und zu dem kochenden Wasser geben, da hielt ich inne.

Als könnte ich ein scheues Tier verschrecken, zog ich, so leise ich nur konnte, mein Handy aus meiner hinteren Hosentasche, positionierte es, suchte den richtigen Winkel und drückte dann auf den Auslöser. Beim nächsten Versuch zog ich die Belichtung etwas herunter, wechselte den Modus, sodass nur die Tasse und die Kräuter auf der Arbeitsplatte scharf eingestellt waren, der Kochtopf im Hintergrund unscharf. Während das Teewasser leise blubberte, betrachtete ich das Ergebnis. Mit der Canon würde es noch viel besser aussehen. Aber mir gefiel, dass ich diesen Moment festgehalten hatte. Nicht sauber und klar und aufgeräumt, sondern handgepflückte Kräuter, ein handgezeichnetes Etikett auf der Packung, die halb hinter der Tasse verborgen stand, und der Dampf, der aus dem Topf aufstieg, kaum sichtbar. Dieses Foto zeigte Echtheit, Ehrlichkeit. Ganz anders als die perfekten Möbelbilder, die ich derzeit in meinem Job schießen musste. Auf eine Art, wie ich sie schon lange nicht mehr gespürt hatte, erfüllte mich der Anblick auf meinem Handybildschirm mit Zufriedenheit.

In diesem Moment klopfte es an der Tür, und ich zuckte zusammen. Ich hatte noch nicht ganz geöffnet, da hörte ich Kim schon lossprechen. In einer dicken, kuschligen, teddy-artigen Jacke stand sie vor mir, klein und kompakt und voller Energie, als wäre es nicht gerade zehn Uhr abends und ein langer Tag voller Organisation läge hinter ihr. Sie befand sich schon mitten im Satz. »... schon geschlafen, dann tut es mir total leid, aber ich wollte Bescheid sagen, und falls du dein Handy schon ausgestellt hast, siehst du es nicht rechtzeitig – jedenfalls habe ich doch noch das Boot auftreiben können, das uns morgen schon früh zu der Bucht bringt.

Wenn du möchtest. Die Bucht, in der wir meditieren wollten, weißt du? Die abgesperrt war.«

Natürlich wusste ich sofort, welche Bucht sie meinte. Den Paradiesstrand.

»Wir starten um halb sieben, ich fahre mit euch nach Nikiana zum Hafen und dort steigen wir ins Boot. So vermeiden wir, dass wir in die starke Mittagshitze geraten. Am Strand dort können wir meditieren, schwimmen, einfach genießen. Nimm genügend Sonnenschutz mit, auch wenn es bewölkt sein sollte, auf dem Boot ist das immer etwas anderes.«

Sie hatte mein strahlendes Lächeln gesehen und stoppte endlich ihren Redeschwall.

Schnell sagte ich: »Ich komme gern mit. Halb sieben. Das passt.«

»Sehr schön. Annika, Lisa und John werden auch wieder dabei sein. Jetzt muss ich noch schnell zu Sanna, bevor die schläft, und ihr das Gleiche sagen.«

»Wunderbar. Ich freue mich.«

Ich sah Kims federnden Schritten nach und schloss leise die Tür. Lehnte mich mit dem Rücken dagegen und spürte dem nach, was sich da in meinem Bauch warm und wohlig ausbreitete, obwohl ich noch nicht einen Schluck Tee zu mir genommen hatte. Vorfreude. Ein winziger Glimmer eines Stückchen Glücks, so als würde ein Kieselstein weiß und vom Meerwasser glänzend in der Sonne schimmern. Vorfreude auf einen Vormittag an einem geheimen Ort mit heilsamen Kräften. Mit Meeresrauschen. Mit Stille. Mit Menschen, die mich verstanden. Der Ausflug, den ich mir erhofft hatte, würde jetzt doch wahr. Auf Zehenspitzen, als könnten lautere Schritte die Magie zerstören, tappte ich zur Küchenzeile und goss den dampfenden Tee aus dem Topf in die Tasse. Bernsteinfarben und intensiv nach Lavendel duftend. Ich schloss beide Hände um die Tasse und nippte am Tee. Mein Blick fiel auf die Packung mit dem einfach gestalteten Etikett, das Ari oder vielleicht seine Frau mit der Hand geschrieben und dann vervielfältigt hatte. »Gute-Nacht-Tee«. Ich hoffte, hoffte, hoffte, dass ich nach dieser Nacht immer mehr der schimmernden Kieselsteine in meinem Leben finden würde.

Melancholisch im Paradies

Als wir früh am nächsten Morgen auf das Boot kletterten, wurde mir doch mulmig zumute. Es wackelte ganz schön, denn im Hafen war gerade ein größeres Schiff gestartet und der entstandene Wellengang sorgte bei unserem kleinen Taxiboot für ein ordentliches Auf und Ab.

Das Strahlen auf Annikas Gesicht neben mir war jedoch ansteckend, und Lisa trug ein knallrotes Bikinioberteil, das pure Lebensfreude ausstrahlte. Prompt vergaß ich das aufgeregte Kribbeln in meinem Bauch und hielt meine Nase in den Fahrtwind, streckte mein Gesicht der Morgensonne entgegen. Zügig ließen wir den Hafen hinter uns und fuhren, die Küstenlinie immer sichtbar, Richtung Bucht. Das Meer war hier tief flaschenblau und von weißer Gischt durchzogen, der Wind auf dem Wasser kühl. Ich rieb mir mit beiden Händen über meine Arme, um die Gänsehaut zu vertreiben, konnte dabei aber nicht anders als lächeln. Nach einer Weile näherten wir uns der Klippe, an deren Fuß sich die Bucht befand. Schon von Weitem konnte man erkennen, dass dort das Wasser erst petrolgrün und dann zum Strand hin türkisblau auslief. Der weiße Sand bildete dazu einen deutlichen Kontrast. Gerade noch hatten Sanna und Kim die anderen immer wieder auf eine Möwe oder auf eine kleine, weiße Kirche an der Küste hingewiesen, aber jetzt sahen wir alle still und erwartungsvoll dem Strand entgegen. Die Einzelheiten wurden immer deutlicher, jetzt konnten wir auch die kaputte Treppe sehen, die Gräser zwischen den Steinen zu jeder Seite der Bucht, die hoch aufragende Klippe, die schützend alles einhüllte. Kim war stolz. Wie eine Mama hatte sie jeden noch einmal dazu angehalten, eine Wasserflasche und Sonnenmilch mitzunehmen. Das Taxiboot hielt, und wir ließen uns vorsichtig in das Wasser gleiten, das uns hier bis zum Oberschenkel reichte, hielten dabei unsere Taschen hoch über unsere Köpfe. Nass gewordene Kleidung würde schnell wieder in der Sonne trocknen.

Wenn es einfacher wäre, hierherzukommen, befänden sich hier sicherlich längst unzählige Menschen, die Selfies schießen und posten würden. Wir hatten wirklich Glück, dass die Treppe kaputt war und wir ganz allein hier waren.

Ich hing meinen Gedanken nach. Was eigentlich etwas Negatives gewesen war, hatte sich in etwas Positives für mich verwandelt. Verrückt. Würde ich je auf die »kaputten Treppen« in meinem Leben blicken, die Momente, in denen es nicht mehr weitergegangen war, und dankbar dafür sein? Würde sich die schwierige Trennung von Tim irgendwann als eine glücklicherweise kaputte Treppenstufe herausstellen? Auf welche Umwege würden mich die fehlenden Stufen meines Lebens bringen, auf denen mir kleine Wunder begegnen würden? War der Umweg womöglich genau der Weg, den ich gehen sollte?

Der ruhige Moment währte nur kurz, Lisa hatte sich in den weißen Sand gelegt und bewegte ihre ausgestreckten Arme und Beine so, als würde sie einen Schnee-Engel in den Sand zeichnen. Sie steckte uns alle an mit ihrer unbändigen Freude über die Schönheit dieses Ortes. Wir lachten, spritzten uns Wasser zu und drehten uns, am Strand stehend, immer wieder um die eigene Achse, sodass wir wirklich den gesamten Anblick in uns aufsaugen konnten.

Nach einer Weile fragte Kim uns, ob wir bereit wären, uns auf eine ruhige Meditation einzulassen. Alle stimmten zu und suchten sich einen passenden Platz, einige näher am Wasser, ich etwas weiter hinten, windgeschützter durch die Klippe, die hinter meinem Rücken aufragte, meinen Blick auf den Strand und das Meer gerichtet.

Kim führte uns in den ersten zehn Minuten durch die Meditation mit ihren ruhigen, sanften Worten. Sie beschrieb, wie die Sonnenstrahlen unsere Füße mit Wärme füllten und mit Energie aufluden, wie diese Wärme die Beine hochwanderte, die Hüften durchlief, den Bauch erreichte. Immer weiter beschrieb sie den ganzen Körper, bis wir gedanklich beim Kopf, direkt am Scheitelpunkt, angekommen waren und uns von Licht und Wärme erfüllt fühlten. Dann gab sie keine Instruktionen mehr, es wurde ruhig am Strand. Kim überließ uns jeweils unserer eigenen Meditation, so lange, bis ihr Gong ertönen würde.

Durch und durch gewärmt spürte ich den Sand unter meinen Knöcheln, die Wärme in meinem Herzen, war dankbar dafür, hier in dieser unglaublich schönen Natur sitzen zu können. Meine Gedanken schweiften noch einmal in die Vergangenheit, wie eben, als ich die Treppenstufe gesehen hatte. Würde ich auch in Bezug auf Tim irgendwann einmal dankbar sein und nicht mehr verletzt? Dankbar. Für das, was Tim und ich anfangs gehabt hatten, in Biergärten und herzklopfenden Momenten und ersten Nächten. Wie es sich angefühlt hatte, später, in komfortabler Zweisamkeit, mit gemeinsamem Lachen und vertrauten Berührungen. Sah ich all das nur deswegen als perfekt, als paradiesisch, an, weil das meiste davon bereits sieben Jahre her war? Würde das, was in Zukunft in meinem Leben kommen würde, je auch so perfekt sein? Erhoffte ich mir irgendwie zu viel, wenn ich mir wünschte, immer wieder so ein Paradies zu entdecken mit einem anderen Menschen?
Wie eine Welle des rauschenden Meeres stieg in mir Melancholie auf. Tim. Ich würde ihn nie wieder umarmen und nie das kennenlernen, von dem ich einmal geträumt hatte: Wie er Stück für Stück älter werden würde. Wie er mit unseren Kindern umgehen würde.
Ausnahmsweise konnte ich dieses Bild in meinem Kopf nicht gleich weitergleiten lassen wie eine Wolke am blauen Himmel. So wie Kim es

uns beigebracht hatte, wenn wir in der Meditation an einem Gedanken festhielten. Ein einfaches Kommen und Gehen. Gerade gelang es mir nicht, dieses Gefühl von Verlust ziehen zu lassen, es setzte sich tief in meinen Bauch. Bilder von einem Tim, der die Hand eines kleinen Mädchens griff, das tapsige Schritte machte. Bilder von Sonntagen im Bett, bei denen wir uns zu viert drängelten, kleine Beinchen um meins geschlungen, ein Baby an Tims Brust gekuschelt. Weitere Bilder von einem Tim, der sich morgens an der Kaffeemaschine für einen Kuss zu mir lehnte, an den Schläfen silbrige Härchen, die das braune Haar durchzogen, um die Augen einige Falten mehr. Dieser Kuss würde nie kommen. Ich würde ihn nie auf meinen Lippen spüren. Mehr und mehr schnürte das meine Kehle zu, stiegen mir Tränen in die Augen. Die Bilder, die nie geschehen waren, die ich nie in echt gesehen hatte – ich vermisste sie. Ich betrauerte sie. Ich musste sie ziehen lassen wie Sand, der mir durch die Finger rieselte. Wie seltsam es sich doch anfühlte, etwas verabschieden zu müssen, das ich nie wirklich erlebt hatte.

Ich atmete aus. Versuchte, mit dem Meeresrauschen, mit der nächsten Welle, die Melancholie wegzuschicken. Wieso saß ich hier, erlebte einen fantastisch schönen Augenblick im Paradies, und gleichzeitig schlich sich Traurigkeit wie ein bitterer Geschmack auf meine Zunge?

Als der Gong ertönte, war mir, als würde Ari mich anstupsen. »Sind Sie etwa genervt von Ihrer Traurigkeit, Marie? Eine zweite Emotion über der ersten Emotion?« Genau das würde er zu mir sagen, wenn er jetzt hier wäre, und: »Seien Sie nicht auch noch wütend über Ihre Traurigkeit. Die Melancholie darf einfach da sein.«

Diesem Gedanken spürte ich nach. Wenn es für Ari in Ordnung war, sollte es für mich auch in Ordnung sein. Sofort entspannte sich mein Körper wieder. Wenn ich mir erlaubte, auch hier im Paradies traurig zu sein, zog die Wolke viel leichter wieder weiter. Es war genauso erlaubt, im Paradies melancholisch zu sein, wie es erlaubt war, an einem Regentag zu lachen. Emotionen waren weder gut noch schlecht, so wie die Farben eines Regenbogens, hatte Ari erklärt.

Es fühlte sich ein bisschen verrückt an, gleichzeitig melancholisch und dankbar zu sein. Dabei war es genau, wie Ari gesagt hatte: Ich versuchte gar nicht erst zwanghaft, paradiesisch glücklich zu sein. Ich wurde aber deswegen nicht noch trauriger. Geriet nicht noch tiefer in ein schwarzes Loch. Ich ließ die Trauer über etwas, das nie geschehen war, zu. Und ließ auch zu, dass ich zur gleichen Zeit zutiefst dankbar war, die Sonne auf meiner Haut zu spüren. Welches Gefühl auch auf der Türschwelle auftauchte – so wie ich auf Aris Türschwelle aufgetaucht war –, welches auch immer anklopfte und gesehen werden wollte, ich ließ es zu. Heute war es offenbar die Melancholie. Ich atmete tief durch.

Jetzt, wo die Meditation vorbei war, reckten und streckten sich alle langsam. Wir lächelten einander zu, wohl wissend, dass wir alle gerade unsere jeweils ganz eigene Reise erlebt hatte.

Einen Moment später stand Kim voller Energie auf, streifte ihr T-Shirt ab und verkündete: »Also, ich gehe jetzt eine Runde schwimmen!« Wie ein fröhliches Kind ließ sie das Wasser um sich herum platschen, als sie ins Meer watete. Ich lachte. Annika, die einige Meter rechts von mir saß, machte ein paar

Dehnübungen, die wir auch in unseren Yogastunden absolvierten. John hatte sich auf seine Arme gestützt und betrachtete mit ausgestreckten Beinen Kims jauchzende Schwimmzüge. Lisa hatte sich für die Meditation hingelegt und blieb weiterhin einfach liegen, ließ dabei etwas Sand durch ihre Finger gleiten.

Lautlos griff ich zu meinem Handy, suchte die richtigen Einstellungen und fing diesen Ausschnitt ein, Sand, der durch Finger rieselt. Leise stand ich auf und schoss weitere Fotos. Von Kim inmitten von Wassertropfen. Von der speziellen, sandig-weißen Farbe der Klippe. Vom puren Blau des Himmels. Auch ein Selfie von Annika und mir, einfach so. Wir sahen alles andere als perfekt, aber durch und durch glücklich aus. Dann lehnte ich mich an meinem Platz wieder gegen die Klippe. Jetzt war er da, der paradiesische Moment, und ich sog jede Minute davon in mich auf.

Momente der Heilung

Den wundervollen Ausflug hatten wir mit einem Mittagessen in einem Hafenrestaurant in Nikiana beendet und waren dann still, satt und glücklich in Kims Kombi zurück ins Dorf gefahren. Ich war so müde, dass ich mich sofort ins Bett legte für einen Mittagsschlaf. Ich schlief unruhig, und zum ersten Mal seit langer Zeit träumte ich etwas, an das ich mich nach dem Aufwachen verschwommen erinnerte. Es hatte mit Tim zu tun und einem Taxiboot, das einen falschen Weg fuhr, und der Traum ließ mich mit viel mehr Melancholie zurück, als ich heute Morgen noch empfunden hatte. Träge stand ich auf und fühlte mich zerknittert und durstig. Es dauerte einige Minuten, bis ich den seltsamen Schleier des Traums abstreifen konnte.

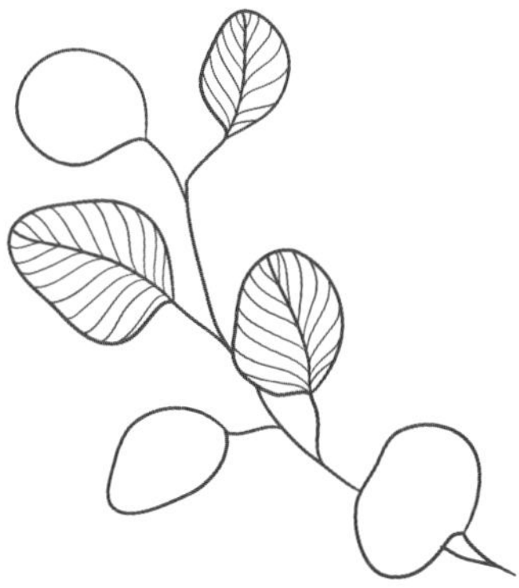

Nachdem ich ein Glas kühles Wasser getrunken und mich umgezogen hatte, fühlte ich mich schon besser für den Nachmittag gewappnet.

Als ich zu den Marktständen lief, war Aris Tisch erneut nicht aufgebaut. Ich winkte dem Standnachbarn zu, der nur freundlich nickte und mit dem Daumen die Straße entlang wies. Wir tauschten ein wissendes Lächeln. Ari war also wieder in dem »gelben Haus«, bei sich zu Hause. Ich mochte, dass ich nicht viel fragen musste, sondern die Dorfbewohner so taten, als sei ich längst eine alte Bekannte. Dieses Mal hatte ich ein nicht ganz so schlechtes Gewissen, dass ich unangekündigt bei Ari vor der Tür stand. Als ich klopfte und er mir öffnete, schwappte mir ein intensiver Geruch entgegen – verschiedene Kräuter, aber auch eine beißende Alkoholnote. Ich konnte von hier sehen, dass der Tisch im Wohnzimmer mit vielen Schraubgläsern voller Kräuter in einer Flüssigkeit vollgestellt war, und folgte Ari in die Küche, wo er gerade seine Tinkturen mit einem Trichter in braune Fläschchen abfüllte.

»Heute ist ein guter Tag für Ringelblume«, sagte er lächelnd und deutete auf den Inhalt eines Glases – orangefarbene Blüten in einer durchsichtig-gelblichen Flüssigkeit.

»Heute war auch ein guter Tag für das Paradies«, erwiderte ich und erzählte Ari von unserem Ausflug. Und da wir in der kleinen Küche, die so heimelig wirkte, ungezwungen beieinanderstanden, wagte ich es auch, ihm von meinen melancholischen und zerknitterten und negativen Gefühlen zu erzählen. Denn ich wusste, dass Ari nicht von mir erwarten würde, den schönen Tag nur positiv zu beschreiben.

Er nickte, führte konzentriert seine Handgriffe aus und ließ sogar zu, dass ich zwischendurch meine Handykamera zückte und Fotos von ihm schoss. Diese magischen Momente, in denen er seine fertigen Tinkturen abfüllte, wahrscheinlich nach Wochen und Monaten der Vorbereitung, ließ ich mir nicht entgehen. Ich fing ein, wie seine faltige Hand ein braunes Fläschchen griff, wie er sich bedacht über den Trichter beugte, wie das Licht in die kleine Küche fiel.

Als ich mein Handy wegsteckte, wischte Ari sich die Finger an einem karierten Geschirrtuch ab und fragte: »Wie geht es Ihnen jetzt gerade, Marie? Ist die Melancholie inzwischen verflogen?«

Ich schüttelte den Kopf. »Ach, Ari. Jedes Mal, wenn ich aufwache und es noch verwirrend ist, wenn ich für einen kurzen Moment nicht weiß, dass ich in Griechenland bin, liege ich in Gedanken doch wieder in dem Bett in München. In dem Bett, in dem ich früher so eng verschlungen mit Tim war. Und in dem er dann in der Trennungszeit immer weiter an den Rand gerückt ist, nur um mich nicht versehentlich zu berühren. Unweigerlich musste ich da immer an die andere denken, mit der er inzwischen eng verschlungen irgendwo liegt und noch ganz andere Sachen macht. Wann werde ich aufhören, automatisch daran zu denken? Es ist, als ob ich es nicht lassen kann, mir meine eigene Hölle zu schaffen. Jeden Tag wieder von vorn. Und das ist doch verrückt. Paradies und Hölle können ganz schön nahe beieinander liegen.«

Ari legte sorgfältig ein neues Filterpapier in den Trichter. »Das kenne ich. Die ersten Sekunden nach dem Aufwachen, in denen man noch halb im Schlaf hängt, können hart sein. Weil man vor lauter Verwirrung gar nicht weiß, ob der Albtraum, den man erlebt hat, echt ist oder nicht.«

Ein Albtraum. Ari konnte nicht die Affäre meinen, von der ich gerade gesprochen hatte. Vorsichtig steckte er den Trichter in eines der Fläschchen. »Und wenn man diesen Albtraum loslassen will, ist es eher so, als hätte er uns im Griff. Es fühlt sich schwierig an, etwas loszulassen, das uns gefangen hält.«

Langsam, konzentriert und mit ruhigen Händen goss er die Pflanzen-Alkohol-Mischung aus einem Schraubglas in den Trichter.

»Sie kennen das mit den Albträumen, Ari.« Ich wusste selbst nicht, ob das eine Frage oder eine Feststellung war.

»Nach der Diagnose meiner Frau gab es noch einige Zeit, in der wir herumsuchten, was ihr wohl helfen könnte, was sie vielleicht sogar wieder gesund machen könnte. Schließlich kannten wir uns beide gut mit Medizin, körperlicher Heilung und all diesen Themen aus. Aber je mehr Untersuchungen es gab, desto mehr schien das hinfällig. Die Ärzte sprachen irgendwann nicht mehr vom Gesundwerden. Und es kam die Zeit, in der klar war, dass wir uns aufs Sterben einstellen mussten. Was sie noch tun wollte bis dahin, wie sie die Zeit verbringen wollte. Es fühlte sich an wie ein Albtraum. Und der hat mich noch eine Weile verfolgt, bis ich ihn loslassen konnte.«

»Das verstehe ich. Wie lässt man so etwas los?«

Ari legte den Trichter weg. »Tropfen für Tropfen, Marie, Tropfen für Tropfen lässt man es los.« Dabei verschloss er sorgfältig das Fläschchen, griff nach einem Blatt, das im Regal zwischen alten Kochbüchern klemmte, und zog davon ein liebevoll gestaltetes Etikett ab, das er auf das braune Glas klebte.

Ich bewunderte ihn. Jede einzelne Falte im Gesicht, jeder Altersfleck auf seinen Händen, erzählte eine Geschichte. Er hatte seine Schwierigkeiten und seine Schicksalsschläge in Weisheit verwandelt. Ohne dass er heilig oder stets gelassen wirken musste. Insgeheim wünschte ich mir, einmal so auf mein Leben zurückblicken zu können wie Ari. Und ich wünschte mir auch, dass er nie wieder so einen Albtraum würde durchleben müssen.

»Ari, darf ich Sie noch etwas fragen?«

»Natürlich, Marie.«

»Wenn ich das, was mir passiert ist, einfach loslasse, heißt das, es hat mir gar nicht so viel ausgemacht?«

»Wie kommen Sie darauf?«

»Manchmal fühlt es sich so an. Wenn ich sage, das liegt jetzt alles hinter mir, da denke ich jetzt nicht mehr daran. Soll dann plötzlich alles gut sein? Irgendwie scheint Tim mit dem davonzukommen, was er getan hat. Der Scherbenhaufen ist da, und aufräumen werde ich ihn. Während Tim eine schöne Zeit mit seiner neuen Freundin verbringt. – Tut mir leid, das klang jetzt sehr verbittert. Manchmal kann ich gar nicht anders, als zu denken, dass er sich prächtig amüsiert. Und ich versuche hier verzweifelt, etwas Heilung zu empfinden.«

»Das verstehe ich natürlich. Aber es geht hier gar nicht um irgendjemand anderen. Der Gedanke, Tim könnte überglücklich sein, tut Ihnen nur weh. Konzentrieren Sie sich auf sich selbst. Auf das, was Sie etwas angeht. Auf Ihre eigene Essenz.«

Er hob das Fläschchen gegen das Licht, das zum Küchenfenster hereinstrahlte.

»Wir können nicht wissen, ob er wirklich so glücklich ist wie in Ihrer Vorstellung. Und außerdem muss auch er damit zurechtkommen, dass er Ihnen, die er ja mal geliebt hat, das angetan hat. Aber es ist tatsächlich müßig, sich darüber Gedanken zu machen. Nein, nicht müßig, viel mehr als das: Es belastet Sie, Marie. Vergessen Sie nicht, dass Sie Ihren freien Willen haben. Sie dürfen sich dazu entschließen, sich ab sofort und in Zukunft voll und ganz um sich selbst zu kümmern.«

Ich zögerte. »Also heißt das: Was geschehen ist, definiert mich nicht?«

Zufrieden nickte Ari. »Schreiben Sie sich das in Ihr feuerrotes Ferrari-Notizbuch und nehmen Sie diesen Satz immer wieder hervor.« Er lächelte verschmitzt. »Oder noch besser: Schreiben Sie es sich auf Ihren Spiegel, Marie! Sie sollten jeden Tag daran denken. Und nach vorne blicken, nicht zurück.« Energisch schob er den Stapel Filter beiseite, wischte sich die Hände am Geschirrtuch ab und sagte: »Kommen Sie, wir gehen noch unsere Runde.«

Es tat gut, den vertrauten Weg entlangzutrotten, im warmen Nachmittagslicht, begleitet vom leisen Rhythmus von Aris Gehstock. Wir pflückten beide eine Blume vom Wegesrand, in meinem Fall einfach nur, weil mir die Margerite so gut gefiel. Ari hatte seine bestimmt schon für die nächste Tinktur eingeplant. Nachdenklich drehte ich meine Blume am Stiel hin und her, sodass die weißen Blütenblätter leicht flatterten.

Als wir in den schattigen Teil des Pinienwäldchens gelangten, nagte nun doch ein schlechtes Gewissen an mir. Jetzt war ich schon einige Tage hier und hatte sogar einen Paradiesstrand kennengelernt. Und trotzdem verfolgten mich noch altbekannte Gedanken und neue, verwirrende Träume. Auch wenn ich wusste, dass ich Trauer und Scham und Wut zulassen musste, so wollte ich dennoch mit meinen Gedankenschleifen endlich abschließen.

»Ari, loslassen ist so ein großes Thema. Wie lasse ich überhaupt los?«

Ari blieb stehen und zeigte mit dem Gehstock auf meine Hand. »Lassen Sie diese Blume los.«

»Was? Ich ...«

»Lassen Sie sie los.«

Ich fühlte mich wie ein Schulkind, das zum ersten Mal einen neuen Buchstaben schreiben lernte. Konzentriert öffnete ich meine Finger und beobachtete, wie die Margerite aus der Hand rutschte und zu Boden segelte.

»Das ... Na ja, das war einfach. Das kann es ja nicht gewesen sein.«

»Was haben Sie gemacht?«

»Ich habe einfach nur meine Hand geöffnet ... Das kann man ja nicht vergleichen.«

»Warum nicht?«

Ich zog die Augenbrauen zusammen. »Weil ... weil mein Herzschmerz ja nun mal keine Blume ist, oder? Weil ... es ist ja ganz einfach, eine Hand zu öffnen. Es ist nicht so einfach, Schmerz loszulassen.«

»Ja und nein. Marie, dass es einfach ist, habe ich gar nicht behauptet. Und natürlich ist Herzschmerz nicht mit einem Objekt zu vergleichen, das man anfassen kann. Aber dennoch möchte ich Ihnen etwas klarmachen, Marie, etwas, das Sie vielleicht gar nicht so gern hören mögen. Loslassen ist genauso. Sie können es bereits. Sie wissen schon, wie es geht! Der Grund, warum es uns nicht leichtfällt, ist ein anderer. Schließlich hängt ein ganzer Felsbrocken von Bedeutung an diesem einen Ding. An dem Herzschmerz. An der Blume.«

»Ein ganzer Felsbrocken?«

»Wir Menschen sind so gut darin, einer Sache Bedeutung zuzuschreiben. Er liebt mich nicht mehr, das heißt, ich bin vielleicht nicht liebenswert. Er liebt eine andere, also ist diese Person womöglich auf irgendeine Art besser als ich. Ich bin vielleicht nicht schön genug, gut genug, erfolgreich genug ...«

Mir stieg die Röte in die Wangen. Woher wusste Ari, was ich dachte, wenn ich nachts allein in meinem viel zu großen Bett in München lag? Welche Gedanken ich hatte, wenn ich mit dunklen Augenringen morgens in den Spiegel sah?

Ari fuhr fort: »Es ist ja nicht nur traurig, dass etwas endet. Wir empfinden auch Schmerz darüber, wie es geendet hat, wir machen uns Gedanken, was das Ende über uns aussagt. Und auch, ob das dann heißt, die ganze Beziehung sei nicht gut gewesen. Heißt das, wir sind irgendwie falsch? Hätten wir etwas anders machen können? Na los, Marie, welche Fragen gibt es noch?«

Ari zeigte mit dem Stängel seiner Blume auf mich wie mit einem

Dirigierstab. »Welche Bedeutung messen Sie, wenn Sie ganz ehrlich mit sich sind, diesem Ende der Geschichte von Tim und Marie bei?«

»Es ... Ich ...« Ich schloss meine Augen. Tim und Marie. Marie und Tim. Das Kapitel, das meinerseits ganz unfreiwillig zu Ende gegangen war. Nur leise kam meine Stimme hervor: »Ich dachte, wir bleiben für immer zusammen. Und wenn wir nicht dieses Paar sind, für das ich uns gehalten habe, was sind wir dann? Wer sind wir dann? Wenn Tim nicht der Mann meines Lebens ist, dann muss ich nicht nur unsere Beziehung infrage stellen, sondern irgendwie meine ganze Lebenssicht. Ich habe immer davon geträumt, mit diesem Menschen alt zu werden, und gerade weiß ich gar nicht, wie meine Träume aussehen sollen, wenn in den Fotos, die ich schon in Gedanken davon geschossen habe, kein Tim mehr vorkommt. Ist in diesen Fotos dann ein anderer Mann? Oder ist in diesen Fotos überhaupt niemand mehr? Werde ich für immer alleine bleiben?«

Ich atmete durch und öffnete meine Augen. Hob meine Margerite auf und drehte sie wieder zwischen meinen Fingern. Die Blütenblätter schienen mir aufmunternd zuzuwinken. »Entschuldigung, Ari, mir ist, als wären das die immer gleichen Sätze, aber es sind immer noch die, die durch meinen Kopf schwirren. Und Sie haben recht: Es ist ein ganzer Felsbrocken von Fragen und schweren Gedanken, der an dieser Sache hängt.« Nach einigen Metern, die wir in Stille nebeneinander hergegangen waren, setzte ich hinzu: »Und dieser Felsbrocken, den kann ich doch nicht einfach so loslassen?«

»Nein, das nicht. Aber jedes Mal, wenn Ihnen so ein Gedanke begegnet, dann können Sie stopp sagen. Wenn Sie sich fragen, ob Sie nicht genug getan haben, sagen Sie stopp. Wenn Sie sich fragen, ob die andere besser ist, sagen Sie stopp. Wenn Sie sich fragen, ob Sie auf ewig allein bleiben werden, sagen Sie stopp. Diese Ängste sind ganz normal, aber es bringt uns nichts, sich ständig damit zu beschäftigen, den Gedankenschleifen hinterherzulaufen. Sie lassen also den einen Gedanken los und fassen stattdessen einen neuen.«

Er reichte mir seine Blume. Zögernd nahm ich sie zu meiner Margerite hinzu. »Es bringt uns nichts, zu lange in der Vergangenheit zu verweilen oder auch besorgt in die Zukunft zu blicken. Und das, meine Liebe, das ist loslassen. Wenn Sie das nächste Mal spüren, dass Sie der Herzschmerz wegen Tim schwer drückt, dann kommen Sie hierher zurück.«

Ein Lächeln breitete sich auf meinem Gesicht aus.

»Hierher zurück nach Griechenland?«

»Hierher.« Ari tippte mir mit seinem Finger auf mein Schlüsselbein. »Hierher zu sich selbst, wo Sie jetzt und hier gerade sind. Wer Sie, Marie, jetzt und hier gerade sind. Etwas anderes gibt es gar nicht.«

Ari drehte sich um und schickte sich an, weiterzugehen, aber ich legte meine linke Hand auf die Stelle, knapp neben meinem Schlüsselbein. Knapp über meinem Herzen. Für einen Moment verharrte ich, dann folgte ich Ari. Er war bereits bei unserem Felsen angekommen, der uns

Sitzbank und Aussichtspunkt zugleich war. Vorsichtig legte ich die Margeriten neben mich. Stützte mich auf beide Hände und blickte hinaus aufs Meer.

»Ich dachte ... Ich dachte, wenn man endlich all das losgelassen hat, würde sich das so anfühlen wie ...«

»Wie denn?«

»Na ja, wie wenn ich glücklich durch eine Wiese springe oder ausgelassen mit einem neuen Menschen Hand in Hand ins Meer renne oder völlig gelassen im Meditationssitz nicht mehr aus der Ruhe zu bringen bin. ... Hm, na ja. Wenn ich das jetzt so ausspreche, dann sind das wohl eher Bilder, die ich aus dem Kino kenne. Wie ich mir glückliche Menschen vorstelle.«

»Oh, glauben Sie mir, auch als glücklicher Mensch werden Sie mal weinen oder sich ärgern. Nur wissen Sie genau, dass das nicht Sie sind. Das ist nicht Ihr Kern, Marie. Wenn Sie immer wissen, wer Sie in Ihrem Kern sind, dann kommen und gehen die Freude und die Tränen und die Wut wie das Wetter.«

Das erinnerte mich wieder daran, wie Kim uns das Meditieren beibrachte: Sie sagte, wir sollten Gedanken ziehen lassen wie Wolken am Himmel. Nicht daran festhalten. Genau so wie ich es am Paradiesstrand – nicht ganz erfolgreich – versucht hatte.

»Also ist loslassen ...«

»Also ist loslassen, den Gedanken zu haben, die andere Frau sei vielleicht besser als Sie, und dann aber zu sagen: Dieser Gedanke ist jetzt nicht hilfreich. Ich lasse ihn los und denke an etwas anderes. Na, und wenn Sie sich das aussuchen können, dann denken Sie doch an was Schönes!« Er zeigte auf das Meer. Das unendlich blaue, weite, geduldige Meer.

»Es klingt so einfach.« Ich schüttelte noch einmal den Kopf. Wenn es wirklich so einfach war, wieso war es mir noch nicht gelungen?

Ari lächelte. »Marie, damit wären wir beim dritten Geheimnis.«

Gespielt empört wandte ich mich ihm zu. »Es wird auch Zeit, Ari. Ich dachte schon, Sie hätten es vergessen. Schließlich ist morgen schon mein letzter Tag, übermorgen fliege ich ganz früh nach Hause.«

»Ich bin nicht so vergesslich, wie ich aussehe«, murrte er. Aber für einen Moment meinte ich, dass sich die Fältchen um seine Augen kräuselten, gerade so kurz, als wollte er ein aufkommendes Lächeln unterdrücken.

Die Nachmittagssonne wärmte uns, während ich Aris Erklärungen lauschte. »Das dritte Geheimnis ist: Wir heilen nicht auf die gleiche Art, auf die wir verletzt werden. Das Letztere kommt wie ein Donnerschlag, es fühlt sich riesig, furchtbar und gewichtig an. Aber der Weg zur Heilung geschieht in vielen kleinen Schritten, in vielen kleinen Momenten des Friedens, der Freude, der Ruhe. Heilung ist überhaupt nicht so groß und gewichtig und plötzlich wie das Ereignis, das uns verletzt hat. Deswegen ist es so schwer zu verstehen, dass das, wonach wir auf dem Weg zur Heilung suchen, nicht bombastisch ist, nicht überwältigend, nicht immer Freudentränen mit sich bringt. Es ist nicht das große Erleuchtungsereignis. Oder der plötzliche innere Frieden eines buddhistischen Mönchs. In unserem manchmal chaotischen, schnellen All-

tag übersehen wir regelrecht, dass wir ja Fortschritte auf dem Weg zur Heilung machen. Dass es uns ein kleines bisschen besser geht. Dass wir einen Gedanken verändert haben, der eine Handlung verändert, die unseren Tag verändert. So geht Heilung. So entfernen Sie sich vom Herzschmerz. Manchmal hat eine heilende Routine viel mehr von etwas so Alltäglichem wie Zähneputzen. Und sie lässt sich nicht so schön fotografieren für die sozialen Medien. Auch nicht, wenn man an einem der schönsten Orte der Welt ist: Griechenland.«

Dabei breitete er die Arme aus, so, als ob er diese Schönheit präsentierte, einen Olymp voller Götter und Göttinnen.

Ich lachte. Diese kleine Insel, von der ich zuvor nie gehört hatte, die piksende Kieselstrände und manchmal verregnete Tage bot, die allerdings auch die schönsten geheimen Buchten, duftenden Kräuter am Wegesrand und die besten Menschen parat hielt, die ich mir für diese Woche hatte vorstellen können. Griechenland, fernab von touristischen Postkartenfotos, mit Kaffee, der mir nicht schmeckte. Mit Sonnenauf- und -untergängen, die mich bezauberten. Mit dem Meer, das mir beibrachte, was Hingabe war. Und einem Himmelblau, das ich noch nie in der Art irgendwo sonst gesehen hatte. Kein Wunder, dachte ich leise lächelnd bei mir, dass man sich vorgestellt hat, hier müssten Götter und Göttinnen wohnen. Dieses Blau war wirklich einzigartig. Und plötzlich wusste ich, dass ich immer wieder ein neues Blau fotografieren wollte,

Farben, Licht und Schatten entdecken wollte, die ich noch nie gesehen hatte. An Orten, an denen ich noch nie zuvor gewesen war, mit Farbtönen, die nur darauf warteten, von mir eingefangen zu werden. Und ich wusste auch, dass das ein Gedanke einer neuen Marie war, die gerade erst noch ihren Weg fand. Ein alltäglicher kleiner Heilungsmoment, mitten in einer Wiese in der Sonne, der von außen unscheinbar wirkte, sich aber im Innern bedeutungsvoll anfühlte.

Viele kleine Schritte

Am nächsten Morgen weckte mich der Klang einer eingehenden SMS. Vielleicht hatte Julias Umbuchung für Tokio geklappt? Mit einem Schlag war ich hellwach und griff im Halbdunkel nach dem Handy auf meinem Nachttisch. Doch als ich mich hochrappelte und gleichzeitig auf das Display sah, erkannte ich, dass die SMS von jemand ganz anderem war.

Hallo, Marie,
ich habe vor einigen Tagen meinen Schlüssel in den Briefkasten geworfen. Obwohl ich einen Nachsendeantrag gestellt habe, wäre ich dir dankbar, wenn du mir die Post weitergibst, falls die versehentlich noch an deine Adresse geht.
Dir einen guten Heimflug morgen,
Tim

Sofort fiel mir auf, dass er nicht »Liebe Marie« geschrieben hatte, und auch nicht so etwas wie »viele Grüße« oder Ähnliches. Ganz schön schwierig, die richtige Umgangsform zu finden, jetzt, wo wir nicht mehr zusammen waren.

Meine Vorfreude, die ich gerade wegen Tokio verspürt hatte, war im Nu verpufft. Es war nicht schön, kein »Liebe Marie« zu lesen. Und dennoch ... Ich bemerkte, dass ich meinen Atem angehalten hatte. So als würde ich warten, ob da noch ein größerer Schmerz käme. Aber es tat nicht weh, es fühlte sich nur völlig seltsam an. Der Mensch, der mir da geschrieben hatte: Das war eine – zumindest für mich – ganz neue Version von Tim, und die war wohl die aktuelle.

Die Sache war nur, ich war auch nicht mehr die Marie von noch vor neun Tagen. Die Marie, die auf Lefkada aus dem winzigen Flieger gestiegen war. Denn diese Marie hätte bestimmt weinen müssen, wenn sie gespürt hätte, wie viel kalte Sachlichkeit in der Nachricht lag.

Was war nur aus dem Tim geworden, den ich einmal in- und auswendig gekannt hatte? Der mir seine geheimsten Träume verraten hatte? Mit dem ich jede Minute meines Lebens geteilt hatte?

Er war nicht mehr da.

Es war, als ob die Tim-Version von damals auch in einen Flieger gestiegen war, ohne mich mitzunehmen. Dieser neue Tim hatte jedenfalls nichts mehr mit dem alten Tim zu tun und war auf seinem ganz eigenen Weg. Ging seine Schritte weiter, genau so wie ich es tun musste.

Ich begriff, dass der neue Tim mir nicht wehtun wollte, sondern schlicht einer neuen Marie gegenüber sachlich war. Denn auch für ihn war ich nicht mehr die Version, in die er sich einmal verliebt hatte.
Ich ließ mein Telefon sinken. Dann packte mich eine Energie, die wie eine Welle durch mich hindurchfloss. Schnell stand ich auf und schlüpfte in meine Klamotten für die letzte Morgen-Yogastunde. Ich musste noch kurz zum Markt, bevor der Unterricht begann.

Ich hatte Glück, denn tatsächlich wurden die Stände schon so früh aufgebaut, Ari legte gerade einige Teepäckchen zur Auslage auf den Tisch. Er bemerkte mich von Weitem und sah auf. Die Sonnenbrille verbarg seine Augen, aber ein Lächeln breitete sich auf seinem Gesicht aus, als er mich kommen sah.
Außer Atem sagte ich: »Ari! Ari, ich verstehe es jetzt. Das dritte Geheimnis. Ich habe tatsächlich einen gewissen Weg der Heilung zurückgelegt, in diesen paar unscheinbaren Tagen. In diesen Tagen, in denen ich das Gefühl hatte, ich bin oft und immer wieder weinerlich, unsicher, verwirrt oder wütend! Aber ich habe so viel gelernt. Habe so viel Abstand zwischen mich und München gebracht, zwischen mich und eine alte Version von mir, die es offenbar nicht mehr gibt. Das waren wirklich unscheinbare, kleine Schritte. Ganz so wie Sie es mir in dem dritten Geheimnis gesagt haben.«
Immer noch voller Energie erzählte ich ihm von Tims SMS. Und davon, dass sie mich nicht mehr so traurig gemacht hatte wie erwartet.

»Gratuliere«, schmunzelte Ari. »Das ist tatsächlich ein toller Fortschritt, und ein ganz wichtiger dazu. Ich finde auch, dass man merkt, dass Sie schon einige Schritte vorangekommen sind, Marie. Und was haben Sie geantwortet?«

Perplex blinzelte ich ihn an. »Stimmt, ja! Ich muss ja auch etwas antworten.«

Diskret tat Ari so, als müsse er dringend noch weitere Päckchen und Fläschchen auf seinem Tisch zurechtrücken, sodass ich mich nicht beobachtet fühlte, während ich meine Antwort an Tim tippte.

Hallo, Tim,
danke und ja, das werde ich machen.
Marie

Ich musste nicht weiter darüber nachdenken. Etwas Wehmut war da schon noch, dass die Zeit, in der wir uns verliebte Nachrichten mit Insider-Witzen und Kosenamen geschickt hatten, schon viele Jahre her und längst vergangen war. Und dennoch fühlte es sich an, als hätte die zukünftige Marie, die in fünf Jahren, mir beim Formulieren geholfen. Denn ich wusste, ich würde irgendwie wieder glücklich werden. Und dafür musste ich nach vorne gehen. Die zukünftige Marie hatte gesagt, dass ich in Griechenland mutig gewesen war. Und vielleicht war Mut genau das: die perfekte Antwort nicht genau zu kennen und trotzdem die Worte für eine Nachricht zu finden, auf Senden zu drücken. Die Wehmut wahrzunehmen und dann weiterzugehen. Sich gleich nach der Yogastunde an den Strand zu setzen und zu wissen, dass etwas Neues bereits begonnen hatte.

Leise steckte ich mein Handy weg. »Ari, ich möchte noch einen weiteren Tee kaufen, sodass ich in Deutschland einen Vorrat habe. Und sind Sie später bereit für einen letzten Spaziergang?«

Er nickte schelmisch und deutete auf eine rotbraun karierte, abgewetzte Decke, die zusammengefaltet unter seinem Stuhl lag.

»Ich habe da schon etwas vorbereitet, Marie, denn ich möchte Ihnen noch etwas zeigen. Treffen wir uns um zwei Uhr an meinem Haus?«

Ich lächelte. Das gelbe Haus, das aussah wie kein zweites im Dorf. Ich würde es vermissen. »Sehr gern.«

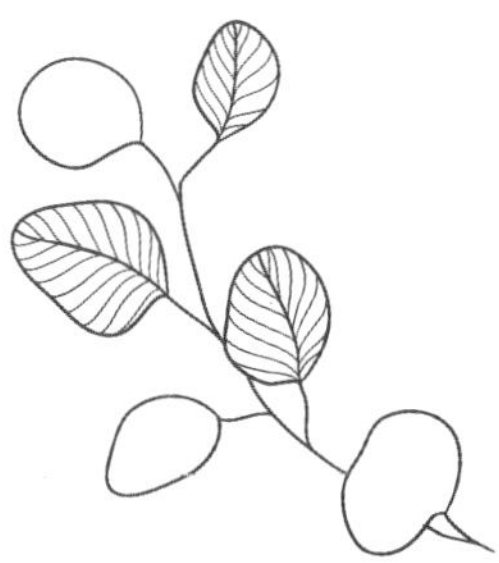

Ein Abschied

Diesmal betraten wir nicht die Dorfstraße, auf der Ari mich an dem Regentag den Hügel hinaufgeführt hatte. Wir nahmen hinter seinem Haus einen schmalen Weg, der eher nur ein Trampelpfad war. Immer weiter entfernten wir uns von den Häusern des Dorfes. Links und rechts vom Pfad waren Wiesen, die unter der Mittagshitze trocken wirkten, vereinzelt säumten Bäume den Weg. Dann führte Ari mich in eine der Wiesen hinein, eine, in der besonders viele Wildblumen wuchsen. Die Gräser und Blumen reichten mir bis zum Knie. Hier hatte schon lange niemand mehr gemäht, falls das überhaupt je getan wurde. Ich vermutete, dass Ari in dieser Wiese für seine Tees unberührte Pflanzen fand, denn bestimmt verirrten sich nur wenige Menschen her. Nach ein paar Metern entdeckte ich eine Gruppe von Olivenbäumen. Dahin also wollte Ari mich bringen. Was für eine passende Kulisse für einen letzten griechischen Tag.

Ari breitete die abgewetzte Decke zwischen zwei Stämmen auf dem Boden aus. Knorrig und alt und weise, genau wie Ari, wirkten die Bäume auf mich. Ich legte meine Hand an die Rinde des einen Baums, furchig und graubraun und trocken. Es war, als wäre die Ruhe dieses Ortes greifbar.

Ich sah mich um, zählte sechs Bäume. Fast waren sie so gewachsen, dass sie einen Kreis bildeten. Ich drehte mich um meine eigene Achse, als Ari sagte: »Sie sehen ihn also auch, Marie. Den Kreis.«

»Unglaublich, wie schön. Das ist der perfekte Ort für eine Meditation.«

»Das stimmt. Ich weiß nicht, wie es Ihnen geht, aber in der Mitte des Kreises, mitten in den hohen Gräsern, finde ich es nicht ganz so ansprechend. Ich habe die Decke so ausgebreitet, dass wir uns jeweils an einen Stamm anlehnen können und so einander gegenübersitzen. Ist das in Ordnung?«

Tatsächlich war es nicht nur einfacher, so zu sitzen und miteinander zu sprechen. Es fühlte sich auch unglaublich gut an, den uralten Baum im Rücken zu spüren, die Erdverbundenheit wahrzunehmen, geradezu Teil der Energie zu werden, die durch den Baum floss.

»Das ist ein ganz magischer Ort, Ari. Danke, dass Sie ihn mit mir teilen.«

Inzwischen war Ari es gewöhnt, dass ich mein Handy herausholte und ein paar Fotos schoss. Er wusste, dass ich das nicht tat wie eine Touristin, die Sehenswürdigkeiten fotografierte. Er wartete ruhig und respektierte, dass ich versuchte, das Licht einzufangen, die Ruhe, die Stimmung. Als ich die Baumgruppe von weiter weg aufgenommen und ganz nebenbei noch heimlich für mich selbst ein Foto von Ari unter dem Baum geschossen hatte, setzte ich mich wieder unter »meinen« Baum.

»Und, wie fühlen Sie sich, jetzt wo Ihre Retreat-Tage vorbei sind?«

»Es ist ein seltsames Gefühl. So, als ob ich doch gerade erst angekommen wäre. Und trotzdem ist mir, als seien viel mehr als neun Tage vergangen. Puh. Manchmal frage ich mich, ob ich wirklich so weit gekommen bin in der kurzen Zeit, wie ich wollte. Ich meine, mit meinem gebrochenen Herzen. Für das ich geplant hatte, dass es sich nicht mehr gebrochen anfühlt, wenn ich zurückfliege. Eigentlich sollte man solche Pläne gar nicht erst machen!«

»Ist es denn wirklich so? Sehen Sie einmal ganz genau hin, Marie. Welche Dinge beweisen Ihnen, dass Sie doch schon die ersten Schritte auf dem Weg der Heilung gemacht haben?«

Nach dem heutigen Morgen fühlte ich mich ermuntert, darüber noch einmal nachzudenken. Ich zählte an meinen Fingern ab und musste für den ersten Punkt nicht lange überlegen.

»Stimmt, als die SMS-Nachricht von Tim kam, konnte ich gut reagieren. Die hat mich gar nicht so in eine Abwärtsspirale geschickt, wie sie es noch vor einer Woche getan hätte.«

Ari nickte.

»Zweitens ... Selbst wenn ich bei der SMS viel weniger gelassen reagiert hätte, wäre das auch in Ordnung gewesen. Irgendwie habe ich nicht mehr so viel Angst davor, traurig oder wütend zu sein. Es klingt immer noch seltsam, denn wenn man es ausspricht, na ja, dann ist es ein bisschen lächerlich. Aber tatsächlich durfte früher bei mir so etwas wie Traurigkeit, Trauer oder Wut nicht wirklich sein. Ich wollte das Gefühl nicht haben, nicht spüren, weil ich vor der Größe dieser Emotion Angst hatte. So, als ob ich nie wieder aufhören könnte, traurig zu sein, oder als ob ich in meiner Wut alles kurz und klein hauen könnte.«

Ari lachte ein leises, kratziges Lachen. »Die wilde Marie, die als Furie Teetassen zu Boden schmeißt – das wäre ein Schauspiel gewesen!«

»Finden Sie das jetzt lustig?« Aber ich musste mitlachen. »Ihre schönen Teetassen ...!«

»Selbst wenn, Marie, selbst wenn Sie das getan hätten ...«

»... dann hätte ich nicht Ihnen wehgetan, das stimmt theoretisch schon, aber etwas Kostbares zerstören muss ich ja nun auch wieder nicht. Ich haue lieber in mein Kopfkissen und zerknülle Papier und zünde es an. Schreie gegen den Wind in den Bergen.«

Gleichzeitig murmelte Ari: »Diese ollen Keramikdinger etwas Kostbares ...«

»Für mich schon.«

Er erwiderte mein Lächeln. »Geht die Aufzählung noch weiter?«

Ich überlegte. Was war sonst in der letzten Woche passiert? Unglaublich vieles, so fühlte es sich an, obwohl es in Wirklichkeit nur ein paar Tage Meditationsurlaub gewesen waren. Aber meine innere Welt war komplett neu. Ich hatte buchstäblich neues Terrain betreten. Und das würde ich in Deutschland ja auch buchstäblich tun – neues Terrain betreten.

»Der Gedanke an eine neue Wohnung in München schreckt mich nicht mehr so sehr. Oder besser gesagt, ich habe mir überhaupt erlauben müssen, diesen Schritt zu machen und so weit denken zu dürfen.«
Und wenn ich schon dabei war, dann hatte ich noch eine weitere Sache denken dürfen, die ich mir zuvor nie erlaubt hätte. Zögernd fügte ich hinzu: »Ich habe bemerkt, dass mir ein Mann gefällt.«
Jetzt wurde ich doch rot, als ich das so aussprach. Schnell redete ich weiter: »Zumindest hat er eine sehr angenehme Art, wir verstehen uns gut und seine Augen gefallen mir. John, unser Yogalehrer, hat mich gefragt, ob ich ihn in einem Monat in Zürich besuche ... Und ich überlege, ob ich das mache.«
Sofort zog Ari seine Augenbrauen streng zusammen. »Ist denn dieser John überhaupt gut genug für Sie, Marie? Vielleicht sollten Sie ihn mir einmal vorstellen.«
Ich lachte. Wie ein strenger Vater, dem niemand gut genug für seine Tochter ist, murrte Ari herum.
»Oh, John ist auf jeden Fall einer der Guten.«
Immer noch zog Ari seine Augenbrauen zusammen, aber um seine Mundwinkel breitete sich schon ein Lächeln aus. Ganz so ernst hatte er das mit dem strengen Vater nicht gemeint. Aber tatsächlich tat es gut, zu fühlen, dass da jemand auf mich aufpasste. Genauso wie Julia. Auch sie würde sich Gedanken machen, ob der nächste Mann in meinem Leben mir wieder wehtun würde.
Ari fragte, nun schon mit einem milderen Ton in seiner Stimme: »Gibt es noch etwas, das Sie fürchten, wenn Sie jetzt zurückfliegen, Marie?«
Ich wusste sofort, ohne nachzudenken, was die Antwort darauf war, denn

diese Furcht saß tief in meinem Bauch. »Wenn ich in München bin und Tim mit seiner neuen Freundin begegne. Das fühlt sich noch so entsetzlich an. Das ist auch noch nicht weniger geworden.«

»Das kann ja auch noch mal ein Schreck sein, der präsent macht, was bisher immer nur in Worten und Gedanken war. Der etwas zur Realität macht. Wenn Sie sich da an das erinnert fühlen, was bei der Trennung falsch war und was Ihnen gegenüber kein gutes Verhalten war, dann ist das ganz richtig. Nehmen Sie das als Möglichkeit, noch einmal tiefer in sich zu gehen und sich noch einmal bewusst zu machen, dass Sie so etwas nicht mehr möchten.«

So hatte ich das noch nicht betrachtet. »Ich dachte, ich müsste ... ›cool‹ bleiben, wenn ich an Tims Affäre denke.«

»Sie müssen nie gutheißen, was da passiert ist. In der Vergangenheit nicht, und das gilt auch für die Zukunft. Wenn Sie sich je wieder mit etwas konfrontiert sehen, was Ihre Grenzen verletzt, dann sollten Sie sich auch verletzt fühlen. Sie sind doch keine Fußmatte, auf der man herumtrampeln kann. Oder kein Eisschrank. Cool zu bleiben – ist das überhaupt erstrebenswert? Ja, ich glaube eher, dass wir unsere Fähigkeit kultivieren sollten, uncool zu bleiben, tief zu empfinden, sowohl das Gute wie auch das Schlechte, und uns erlauben sollten, das alles wirklich zu durchleben. Das zeigt, dass wir heil sind. Und voll in unserer Kraft stehen, all das zu bewältigen.«

Mir fiel auf, dass die zukünftige Marie etwas Ähnliches gesagt hatte: nämlich, dass sie herzlich lachen und tief trauern und alles empfinden konnte. Es ging nicht darum, cooler zu sein und abgestumpft zu reagieren. Sondern darum, voll zu reagieren und sich danach wieder einzupendeln. In meiner vollen Kraft stehen ... Noch ahnte ich nur, wie sich das wohl anfühlen würde.

So kraftvoll wie der Baum vielleicht, den ich in meinem Rücken spürte. Den eben Regen und Wind und Sturm und Gewitter niemals umhaute. Ich schloss die Augen und nahm das Flirren der Hitze über der Wiese wahr, den warmen, trockenen Boden der Erde, die mich trug. Ein Teil von mir wollte gar nicht nach Hause, am liebsten hätte ich jeden Tag so einen Ari bei mir gehabt, mit dem ich mich fühlte, als könnte ich alles begreifen. Aber ich hatte ja gelernt, dass ich nicht verharren konnte, sondern mit der nächsten Welle mitgehen musste. Und meine nächste Welle würde mich nach Deutschland zurückspülen, mitten hinein in Wohnungsbesichtigungen und neue Fotoaufträge.

Auch wenn ich Griechenland, dieses Blau, die Olivenbäume, das Land der Götter und Göttinnen und den Rat eines weisen Aristoteles ungern zurückließ, so fühlte ich mich dennoch gut gewappnet.

Ich öffnete die Augen, griff in meine Hosentasche und zog, leise lächelnd, meinen schwarzen Trauerstein hervor. Auf der flachen Hand streckte ich ihn Ari entgegen.

»Sie haben ihn noch!« Aris Augen funkelten vor Freude.

»Ich trage ihn immer noch bei mir, aber er ist nicht mehr so schwer.«

»Weil Sie schon ein kleines bisschen stärker geworden sind, Marie.«

Ich nickte nur. »Danke für alles, Ari. Danke für hier und jetzt und für alle drei Geheimnisse. Wenn ich stärker geworden bin, dann nur wegen Ihnen.«

Ari hievte sich mithilfe seines Gehstocks hoch, und ich erhob mich auch. Ich schüttelte die alte Decke aus, faltete sie zusammen und schob sie ihm unter den Arm. »Ich bleibe noch für einen Moment hier, Ari.«

Ari rückte seine Sonnenbrille zurecht und sagte dann: »Machen Sie es gut, Marie.«

Die trockene Wiese raschelte, als er sich auf den Weg zurück machte, und ich blickte ihm noch lange nach. Sah, wie seine Gestalt auf dem Trampelpfad immer kleiner und kleiner wurde und schließlich hinter hohen Gräsern, Kräutern und Blumen im flirrenden Sonnenlicht des Nachmittags verschwand.

Ein Geschenk

Dies also war mein letzter Abend hier auf Lefkada. Die Zeit war wie im Flug vergangen und gleichzeitig hatte ich das Gefühl, dass ich unendlich viel erlebt und gelernt hatte, viel mehr, als in ein paar wenige Tage zu passen schien. Ich lief über den Kieselstrand bis zum Wasser, atmete die Abendluft ein. Das Meer war so ruhig, dass die Wellen nur ganz leise gegen die Steine platschten. Ob ich noch einmal hierher zurückkehren würde? Oder in einem Jahr an einem ganz anderen Strand auf ein Meer, auf den Mond blicken würde? Vielleicht warteten da draußen Abenteuer auf mich. Zumindest hatte die zukünftige Marie das behauptet. Aber gerade fühlte ich mich ruhig und still. Nicht nervös. Und auch nicht traurig.

Ich war froh, dass ich nun doch ein paar Bilder mit meiner Handykamera festgehalten hatte,

auch wenn deren Qualität mit meiner Canon noch besser geworden wäre. Ohne nachzudenken, zog ich mein Handy hervor und sah die Fotos durch. Ich hatte die wichtigsten Dinge eingefangen, die ich nie vergessen wollte. Das Glitzern auf dem Meer. Den Paradiesstrand. Den Weg, der sich in das Wäldchen hochschlängelte. Saftige Kräuter am Wegesrand. Und Ari, wie er an einen Olivenbaum angelehnt dasaß, den Blick in die Ferne gerichtet. Seine unglaublich klaren, blauen Augen konnte man dennoch erkennen. Dieses Porträt fing so gut Aris weise Seite ein. Vielleicht fand ich auch noch ein Foto von der kauzigen, schmunzelnden, knorrigen Seite. Doch bevor ich weiterwischte, hielt ich inne. Der weise Ari. Die Kräuter am Wegesrand. Ein Bild von seinem Stand mit all den Tees und deren liebevoll beschrifteten Etiketten. Ein Bild seiner Hand, wie sie eine Tinktur hielt. Auf einen Schlag war ich gar nicht mehr ruhig. Ein aufgeregtes Kribbeln erfasste mich, ich machte auf der Stelle kehrt und ging schnurstracks zu der Ferienwohnung, die ganz am Anfang der Häuserreihe stand, klopfte leise an die Tür.
Als Kim mir öffnete, mit einem Buch in der einen Hand und einer Lesebrille auf der Nase, sah sie mich verwundert an.
»Kim, du musst mir bitte helfen. Du hast doch einen Drucker, oder? Ich möchte drei Fotos ausdrucken.«

Eine halbe Stunde später war es bereits Nacht. Ich schloss leise die Tür zu meiner Wohnung hinter mir und machte mich auf den Weg. Die Taschenlampe meines Handys half mir auf den ersten Metern, in der Hauptstraße dann die leuchtenden Straßenlaternen. Als ich am Ende der Straße um die Biegung kam, konnte ich schon von Weitem sehen, dass in dem gelben Haus kein Licht mehr brannte. Ari war wohl bereits schlafen gegangen. Aber das machte nichts. So leise wie möglich, um ihn nicht zu wecken, trat ich unter das Vordach und legte meine Blätter so unter die Fußmatte mit dem Schriftzug »Welcome«, dass er morgen diese Art der Post sofort sehen würde und dennoch der Wind das Papier nicht davontragen konnte. Auf ein herausgerissenes Blatt meines roten Ferrari-Notizbuchs hatte ich geschrieben:

Lieber Ari,
es ist Zeit für mich, die Marie zu werden, von der mir meine zukünftige Version erzählt hat. Und das kann sie nur, weil sie Sie und Ihre drei Geheimnisse kennenlernen durfte. Dieses Wissen ist ein wunderbares Geschenk für mich.
Auch ich habe ein Geschenk für Sie, Ari: Die Fotos, die ich in den letzten Tagen geschossen habe – hier nur drei Beispiele –, eignen sich wunderbar für Ihren zukünftigen Internetauftritt. Denn ich finde, die ganze Welt sollte Ihre Tees und Ihre Weisheiten kennenlernen. Die Geheimisse sollten keine Geheimnisse mehr bleiben. Bitten Sie Ihren neuen Assistenten, mich unter meiner E-Mail-Adresse zu kontaktieren. Ich werde ihm alles Nötige zuschicken. Und sagen Sie ihm auch, er soll sicherstellen, dass Ihre Worte mit Ihren Teepaketen überallhin verschickt werden:

1. *Hingabe an das Universum heißt nicht, untätig zu sein.* ***Gestalte Veränderungen aktiv mit.***
2. *Hingabe an das Universum heißt nicht, immer nur fröhlich zu sein.* ***Lass auch die negativen Gefühle zu und lerne, sie zu verstehen.***
3. *Hingabe an das Universum heißt nicht, nur das Große wertzuschätzen.* ***Liebe die kleinen Schritte, denn sie sind die eigentliche Heilung.***

Von Herzen danke für alles,
Ihre Marie

Das Ende ist der Anfang

Ich wachte auf, noch bevor der Handy-Wecker klingelte. Durch die Ritzen in den Rollläden konnte ich ausmachen, dass es draußen noch dunkel war. In einigen Stunden würde mein Flug gehen und ich war so nervös, dass ich nicht mehr schlafen konnte. Zurück nach Deutschland hieß nach vorne in ein neues Leben. Ich setzte mich auf und lehnte mich an die Wand. Sollte ich eine von Kims Meditationen versuchen, um mich zu beruhigen?

Aber ich fühlte mich zu unruhig dafür. Ich wollte jetzt nicht still sitzen, ich musste mich bewegen. Also schlug ich entschlossen meine Decke zurück, schlüpfte in meine Flipflops, schnappte mir mein Handy und verließ leise meine Wohnung. Wie automatisch führten mich meine Schritte zum Meer.

Es wurde jetzt jeden Moment heller, der Himmel war nicht mehr nachtschwarz, sondern blaugrau. Noch war keine Menschenseele hier, noch

waren die Fenster der Ferienwohnungen dunkel. Ich war ganz allein unter dem weiten Himmel, am endlosen Meer. Tief atmete ich die noch kühle Luft ein, füllte meine Lungen mit dem salzigen Duft. Ein Kribbeln füllte meinen Bauch. War das wirklich Nervosität wegen des Flugs, oder war das hier eine Vorahnung auf das Abenteuer, das vor mir lag? Was, wenn das, was auf mich wartete, gut werden würde? Was, wenn es besser werden würde, als ich es mir jetzt vorstellen konnte? Was, wenn das Ende eigentlich der Anfang von etwas Neuem war?

Während ich im gleichen Rhythmus mit dem Meeresrauschen ein- und wieder ausatmete, wurde der Himmel immer heller. Ich hob mein Handy, öffnete die Kamerafunktion und suchte einen passenden Blickwinkel. Am liebsten hätte ich diese Stille, die voller Versprechen war, eingefangen, zusammen mit dem Blau des Wassers. Aber dann ließ ich das Handy wieder sinken. Auch wenn ich es liebte, besondere Fotos zu schießen, würde ich dieses eine Mal nur den Moment direkt erleben. Nur für mich. Nur mit mir.

Vorsichtig legte ich das Handy zur Seite auf die Steine, zog meine Leggings aus, die ich zum Schlafen angehabt hatte, streifte meine Flipflops ab. Immer noch war hier keine Menschenseele, noch nicht einmal Möwen, alles schlief. Bald würden alle aufwachen. Bald würde es losgehen.

In T-Shirt und Unterhose tappte ich vorsichtig zum Wasser hin. Die Kieselsteine piksten, und dieses Mal brachte es mich zum Lächeln. Ich hatte gelernt, gelassen weiterzugehen, egal, was kam. Das Wasser war sehr kühl, doch ich watete weiter hinein, Schritt für Schritt. Als die Wellen meinen Bauch berührten, zog ich scharf die Luft ein. Ohne die wärmende Sonne des Tages war es wirklich eiskalt. Einen Moment lang hielt ich inne. Wollte ich wirklich weitergehen? Würde ich das aushalten?

Ich holte tief Luft und atmete aus, als wäre auch das hier eine Meditation. Und dann watete ich schnell weiter, ließ mir keine Zeit, mir über das viel zu kalte Nass den Kopf zu zerbrechen, hob die Arme über den Kopf und sprang vollständig ins Wasser. Mir stockte der Atem, so kalt war es. Prustend kam ich an die Oberfläche und schüttelte meine Haare. Schwamm schnell ein paar Züge, um mich zu bewegen. Und dann legte sich das Kältegefühl. Mein Körper passte sich an. Die nächsten Züge konnte ich mich entspannen und die Ruhe des Meeres wahrnehmen. Die Farbe des Himmels über mir, die mehr und mehr in ein helles Orange überging. Ein neuer Morgen.

Eine Weile schwamm ich weiter, dann wandte ich mich wieder zum Ufer. In langen Zügen legte ich die Strecke zurück, bis ich stehen konnte und über die Steine vorsichtig wieder zurückging. Mein T-Shirt klebte klamm an meiner Haut, als ich aus dem Wasser kam.

Ich fühlte mich erfrischt und belebt und klar.

Ich trocknete mich kurzerhand mit meinen Leggings ab. Es war egal, dass ich nasse Schlafsachen in meinen Koffer packen würde, in wenigen Stunden war ich zu Hause und würde ohnehin alles waschen. Deutschland. München. Die Wohnung. Ich war auf meinem Weg.

Als ich mein Handy von den Steinen nehmen wollte, sah ich, dass mir jemand eine Nachricht geschrieben hatte. Wer meldete sich so früh, um sechs Uhr morgens, an einem Samstag?
Falls John mich doch durch sein Fenster hier gesehen hatte und geschrieben hatte, wusste ich plötzlich mit einer Klarheit, dass ich seiner Einladung zum Workshop nicht folgen und ihn nicht in Zürich besuchen würde. Allein dieser Gedanke erfüllte mich mit Frieden. Bevor ich die neuen Tims und Johns dieser Welt treffen würde, wollte ich mich zuerst selbst treffen. Wollte ich noch viel mehr darüber herausfinden, wer die zukünftige Marie war und wie sie leben wollte. Würde ich mich um das »Ich«, das ich aus dem Feuer gerettet und als Schnipsel aufbewahrt hatte, gut kümmern.
Die Nachricht war von Julia. Nur zwei Sätze hatte sie geschrieben: »Dein Ticket ist gebucht! Tokio, wir kommen.«
Ich musste lächeln, sogar in diesen wenigen Worten war Julias Enthusiasmus zu spüren. Ich konnte geradezu hören, dass sie dabei ihr jazziges, raues Lachen lachte vor Freude. Ich hob meinen Blick auf das Wasser, auf die Morgenröte am Himmel. Ich spürte die kühle Luft in meinen nassen Haaren, vereinzelte Wassertropfen auf meiner Haut.
Offenbar würde es mich an noch ganz unerwartete Orte verschlagen, wenn ich mich dem Universum hingab. Es fühlte sich an, als hätte mein Abenteuer bereits begonnen.

Dank

Es gab wirklich einen Meditationsurlaub auf Lefkada, und es gab wirklich einen Ari, der sich mit Kräutern auskannte, der Deutsch sprach, weil seine verstorbene Frau es ihm beigebracht hatte, und der nicht nur viel über Pflanzen wusste, sondern auch ein tiefes Wissen über Menschen besaß. Auch wenn alles andere völlig frei erfunden ist: Danke an Kim von Serenity Retreats und danke an Ari, der mir immer im Gedächtnis geblieben ist.

Danke an meine Agentin Petra Hermanns.

Danke an die Verlagsredakteurin Ariane Hug (auch eine Ari!).

Danke an meine Lektorin Ulrike Auras.

Danke an Julie Leuze, die mit mir durch dick und dünn geht.

Danke an Jule Breiert, die ich alles zum Thema Fotografie fragen durfte.

Danke an meine Familie, die immer für mich da ist.

Danke an meine Leserinnen und Leser, die mich immer wieder gefragt haben, wann denn endlich mein neues Buch herauskommt – die beste Motivation am Schreibtisch überhaupt.

LIEBE LESERINNEN UND LESER,

wir wollen Ihnen mit diesem Buch Informationen und Anregungen geben, um Ihnen das Leben zu erleichtern oder Sie zu inspirieren, Neues auszuprobieren. Wir achten bei der Erstellung unserer Bücher auf Aktualität und stellen höchste Ansprüche an Inhalt und Gestaltung. Alle Anleitungen und Rezepte werden von unseren Autoren, jeweils Experten auf ihren Gebieten, gewissenhaft erstellt und von unseren Redakteur*innen mit größter Sorgfalt ausgewählt und geprüft.

Haben wir Ihre Erwartungen erfüllt? Sind Sie mit diesem Buch und seinen Inhalten zufrieden? Wir freuen uns auf Ihre Rückmeldung. Und wir freuen uns, wenn Sie diesen Titel weiterempfehlen, in Ihrem Freundeskreis oder bei Ihrem Online-Kauf.

Sollten wir Ihre Erwartungen so gar nicht erfüllt haben, tauschen wir Ihnen Ihr Buch jederzeit gegen ein gleichwertiges zum gleichen oder ähnlichen Thema um.

KONTAKT ZUM LESERSERVICE

GRÄFE UND UNZER VERLAG
Grillparzerstraße 12
81675 München
www.gu.de

Impressum

GU ist eine eingetragene Marke der GRÄFE UND UNZER VERLAG GmbH, www.gu.de

ISBN 978-3-8338-9330-8
1. Auflage 2024

Projektleitung: Ariane Hug
Lektorat: Ulrike Auras
Bildredaktion: Simone Hoffman
Umschlaggestaltung und Layout: ki 36 Editorial Design, München
Herstellung: Petra Roth
Satz: Uhl + Massopust GmbH
Reproduktion: Medienprinzen
Druck und Bindung: DZS Grafik, Slowenien

Umwelthinweis
Nachhaltigkeit ist uns sehr wichtig. Der Rohstoff Papier ist in der Buchproduktion hierfür von entscheidender Bedeutung. Daher ist dieses Buch auf PEFC-zertifiziertem Papier gedruckt. PEFC garantiert, dass ökologische, soziale und ökonomische Aspekte in der Verarbeitungskette unabhängig überwacht werden und lückenlos nachvollziehbar sind.

Bildnachweis
Cover- und Innenteil-Illustrationen: Shutterstock
Autorinnenfoto: Jana Reichert Photography

Bildagentur Image Professionals GmbH, Tumblingerstr. 32, 80337 München
www.imageprofessionals.com

GRÄFE UND UNZER

Ein Unternehmen der
GANSKE VERLAGSGRUPPE